CHANT

LEBEN FÜR DAS PARADIES

Die singenden Mönche
von Stift Heiligenkreuz

CHANT

LEBEN FÜR DAS PARADIES

Die singenden Mönche von Stift Heiligenkreuz

von Bernhard Meuser
mit Mönchen von Stift Heiligenkreuz

PATTLOCH

Bibliografische Information: Deutsche Nationalbibliothek
Die Deutsche Nationalbibliothek verzeichnet diese Publikation in der Deutschen Nationalbibliografie; detaillierte bibliografische Daten sind im Internet über http://dnb.d-nb.de abrufbar.

BILDNACHWEIS
Umschlag- und Innenfotos: Mit freundlicher Druckgenehmigung
© Stift Heiligenkreuz, Österreich
www.stift-heiligenkreuz.at

© 2009 Pattloch Verlag GmbH & Co. KG, München
Umschlaggestaltung: ZERO Werbeagentur, München
Lektorat: Michael Schönberger
Gestaltung und Herstellung: Hartmut Czauderna
Reproduktion: Repro Ludwig, Zell am See
Druck und Bindung: Offizin Andersen Nexö, Leipzig GmbH
Printed in Germany
ISBN 978-3-629-02233-2

www.pattloch.de

2 4 5 3

Inhalt

Vorwort – Mönche in den Charts? **Pater Karl Wallner** 9

Einleitung von **Bernhard Meuser** 13

Frater Johannes Paul
oder: Wie man auf dem Umweg über Indien ins Kloster findet 21

Pater Wolfgang
oder: Wie man sich von der Oberfläche verabschiedet 27

Frater Nikodemus
oder: Wie man vom falschen Film in den richtigen kommt 33

Frater Coelestin
oder: Wie man den Job, aber nicht die Brille wechselt 40

Frater Severin
oder: Wie man fastet und trotzdem gut isst 45

Altabt Gerhard
oder: Wie man über die ganz lange Distanz geht 51

Subprior Pater Simeon
oder: Wie man im Kloster behutsam mit Dynamit umgeht 55

Frater Raphael
oder: Wie man Kunst zum Gebet macht 62

Frater Edmund
oder: Wie man systematisch die Schule schwänzt
und sich trotzdem bildet 69

Pater Alkuin
oder: Wie man aus alten Geschichten Honig für heute saugt 77

Frater Emmanuel
oder: Wie man Beziehungen zu einer guten Freundin pflegt 83

Abt Gregor
oder: Wie man lernt, ein guter Vater zu sein 89

Frater Tobias
oder: Wie man sich unsichtbar macht und doch von Gott
gesehen wird 99

Frater Otto
oder: Wie man den Chef tauscht und eine richtig gute Arbeit findet ... 105

Pater Kosmas
oder: Wie man einfach besser hört 111

Pater Karl
oder: Wie man einen Tornado vor ein Kloster spannt 118

Pater Pirmin
oder: Wie man eine lebendige Visitenkarte wird **126**

Frater Athanasius
oder: Wie man gregorianischen Choral endlich versteht **131**

Frater Martin
oder: Wie man ehelos bestens verheiratet sein kann **137**

Frater Damian
oder: Wie man Choreographie studiert, ohne Ballett zu können **142**

Pater Raynald
oder: Wie man ein echter Freak wird, ohne je ein Hippie gewesen
zu sein **146**

Pater Samuel
oder: Wie man auch ohne Motorrad ins Paradies gelangt **150**

Mönche in Heiligenkreuz beim Sonntagsausflug

Vorwort

Mönche in den Charts?

*I*ch will erzählen, wie es dazu kam. Schon 2007 war ein spannendes Jahr für uns Zisterzienser in Heiligenkreuz. Erst besuchte uns der Papst, dann der frischgebackene Oscar-Gewinner Florian Henckel von Donnersmarck – er hatte ja sein Drehbuch für »Das Leben der anderen« bei uns in Heiligenkreuz geschrieben. Wer hätte gedacht, dass es 2008 noch dicker kommen sollte. Denn im Frühjahr 2008 bekamen wir einen Plattenvertrag von einer merkwürdigen Firma namens »Universal Music«. Für Dinge dieser Art sind wir Mönche eigentlich nicht bekannt. Wir haben keinen Marketingetat und sind normalerweise ganz zufrieden, wenn wir *nicht* entdeckt werden und in Ruhe beten dürfen. Denn dazu sind wir ins Kloster gegangen: zum Schweigen und Singen, was kein Widerspruch ist. Wie es uns trotzdem erwischte – das ist eine wunderbare Geschichte. Sie zeigt, dass Gott Humor hat.

Die Firma Universal in London hatte schon seit Wochen über Inserate in allen religiösen Medien in England und Amerika »*the most beautiful sacred voices*« gesucht und daraufhin Hunderte von Bewerbungen von geistlichen Chören, von Klöstern und Ordensgemeinschaften aus der ganzen Welt erhalten. Wir hatten davon natürlich keine Ahnung, bis uns am 28. Februar 2008 ein Freund unseres Hauses, der sich immer wieder einmal bei uns im Kloster von seiner reizenden Frau und seinen drei lieben Kindern erholt, durch eine E-Mail darauf aufmerksam machte. Ohne zu wissen, was sich hinter »Universal Music« verbergen mochte, bewarben wir Mönche uns am nächsten Tag, auch mit einer kurzen

E-Mail. Es war der 29. Februar 2008 – der letzte Tag vor Ablauf der Bewerbungsfrist. Wir machten uns keine große Mühe, dachten uns ehrlich gesagt nicht viel dabei und verwiesen einfach auf die Hörbeispiele von gregorianischem Choral auf unserer Homepage und auf einen Videoclip, den ein junger Mitbruder bei dem Internetportal Youtube eingestellt hatte.

Am selben Tag noch kam ein begeisterter Anruf von einem gewissen Tom Lewis: »You are the one! Sie sind es! Sie haben den Zuschlag! Congratulations!« Tom, so stellte sich heraus, war der Erfinder des Projektes von den »most beautiful sacred voices«. Von Anfang an war er begeistert und schwärmte von der Qualität des Chorals der Mönche von Heiligenkreuz. Er würde sogar »the most famous« Anna Barry mitbringen, eine der besten Produktionsleiterinnen für klassische Musik, die es überhaupt gibt.

Anfang April fanden die Aufnahmen in unserer Kreuzkirche statt. Unser Kantor Pater Simeon Wester und 17 junge Mitbrüder, die er aus uns 74 Mitbrüdern für die Aufnahmen ausgewählt hatte, wollten nicht in ein Studio gehen, sondern in einer Kirche singen – mit Blickrichtung auf das Allerheiligste, den Altar, das Kreuz. Den gregorianischen Choral singt man *immer* für Gott. Ihn eben mal für eine Hi-Fi-Aufnahme aus diesem Kontext herauszulösen ist Kitsch. Hier nun wurde in der Gegenwart Gottes gesungen. Ich finde, man hört das – dass die Engel mitsingen.

Damit begann eine einzigartige, weltweite Erfolgsgeschichte – freilich auch das kritische Fragen innerhalb der Klostergemeinde. Haben wir das nötig, uns als »Pop-Mönche« feiern zu lassen? Dürfen wir das denn, mit den heiligen Gesängen auf den Markt gehen? Für uns ist der gregorianische Choral ja nicht eine Musik wie andere, sondern letztlich gesungenes Gebet. Es ging uns auch nicht ums Geld – wer uns kennt, weiß, dass wir die Einnahmen 1 : 1 unseren Hilfsprojekten zuführen (in diesem Fall fördern wir damit Priesterstudenten aus Asien und Afrika) –, es war eher eine Frage nach dem Sinn dieses Projekts.

Das Geheimnis eines Klosters sind seine Menschen

Eine Antwort hatte uns eigentlich schon ein halbes Jahr zuvor Papst Benedikt gegeben, nämlich bei seinem Besuch in Heiligenkreuz am 9. September 2007: »Ein Kloster, in dem sich die Gemeinschaft mehrmals zum Gotteslob versammelt, bezeugt, dass die urmenschliche Sehnsucht nach letzter Erfüllung höchsten Glücks nicht ins Leere geht.« Das entscheidende Wörtchen lautet ›bezeugt‹. Das war wie ein päpstlicher Auftrag. Tut es! Wir leben unser Leben hier in Heiligenkreuz nicht um unsretwillen. Wir sind für die Menschen da. Wir singen zwar um Gottes willen – aber man soll es doch in aller Welt hören, als ein *Zeugnis unseres Glaubens*. Ja, es gibt diesen Gott wirklich! Und nur die schönste Musik ist für ihn gut genug! Menschen, die ›Chant‹ gehört haben, schrieben uns in Briefen und E-Mails, wie sehr sie durch den gregorianischen Choral »ergriffen«, »erschüttert«, »berührt«, »tief bewegt« worden waren. Solche Zuschriften wurden oft mit dem Zusatzvermerk versehen: »… obwohl ich sonst nichts glaube.« Oder: »… obwohl ich eigentlich Atheist bin.« Immer wieder sollten wir Rede und Antwort stehen zu Fragen wie: »Warum tun Sie das?« – »Was ist das Geheimnis Ihres Lebens?« – »Warum sind diese Lieder so überirdisch schön?« Gerne würden wir allen diesen Menschen antworten, aber dazu haben wir leider keine Zeit. Deshalb gibt es dieses Buch, das der Münchner Autor Bernhard Meuser zusammen mit 22 Mönchen unseres Hauses verfasst hat. Wir Mönche alleine hätten kaum unbefangen erzählen können, wie wir nun einmal schlecht und recht versuchen, für den lieben Gott da zu sein, und was wir mit unseren Liedern und unserem Leben zuletzt sagen wollen. Meuser, der bereits ein mitreißendes Buch über die Benediktusregel (»Christ sein für Einsteiger«) verfasst hat, schien uns der richtige Mann zu sein, um gläubige und ungläubige Menschen in die geheimnisvolle Welt eines Zisterzienserklosters einzuführen. Natürlich haben wir Mönche auch über dieses Buch heiß diskutiert – ob ein solches Projekt nicht eitel oder indiskret ist. Nein, ist es nicht. Wenn wir uns durch diese oft sehr persönlichen Zeugnisse »aussetzen«, so geschieht das um Gottes willen. ER arbeitet mit normalen Leuten – solchen mit Kanten, Spleens und Anfechtungen …

Geheimnisvolle Welt? Ich sage gerne: Außer dem unsichtbaren Gott hat ein Kloster kein Geheimnis – es sei denn die Menschen, die darin leben. Wenn wir jemals Geheimnisse *voreinander* hatten, so hat Bernhard Meuser sie auf vornehme, doch nachdrückliche Weise gelüftet. Als er uns den Text (übrigens zu unserem großen Vergnügen) vorlegte, sagte ein seit langen Jahren vertrauter Mitbruder zu mir: »Lieber Pater Karl – ist es nicht schön, dass wir uns endlich kennenlernen?«

Pater Karl Wallner
STIFT HEILIGENKREUZ

Einleitung

In den Wäldern nahe Wien gibt es ein Zisterzienserkloster, das von Umberto Eco für seinen Roman »Der Name der Rose« erfunden worden sein könnte. Wie auf ein geheimes Zeichen hin eilen dort kurz nach 5.00 Uhr in der Frühe Mönche in weitschwingenden weißen Kapuzengewändern aus den Zellen. Schweigend durchqueren sie den nachtdunklen Kreuzgang und schreiten in zwei Reihen am plätschernden Klosterbrunnen vorbei. Ihr Ziel: der Chorraum der Kirche, in dem sie die nächsten zwei Stunden damit verbringen werden, lateinische Gesänge und Gebete zu rezitieren.

Wir befinden uns im Zisterzienserstift Heiligenkreuz, einem fast 900 Jahre alten Kloster. Es wurde im Jahr 1133, also noch zu Lebzeiten des heiligen Bernhard von Clairvaux, gegründet. Augenblicklich leben dort 74 Mönche nach den Konstitutionen des Zisterzienserordens und der Ordensregel des heiligen Benedikt – und diese Regel ist noch einmal ein halbes Jahrtausend älter ist als Stift Heiligenkreuz. Die News von heute interessieren hier jenseits des gotischen Kreuzgangs und hinter den gewaltigen Mauern der romanischen Klosterkirche nur bedingt.

Viele der Mönche sind verblüffend jung, viele verfügen dennoch bereits über hochgradige akademische Abschlüsse und sie überraschen – in schönstem Kontrast zum mittelalterlichen Habit – durch selbstbewusste Modernität. Ein oberflächlicher Betrachter könnte meinen, sie würden vor dem Leben fliehen; aber aus der Nähe betrachtet, entpuppen sich die Ordensmänner als junge Leute, die leidenschaftlich am Leben inter-

BLICK AUF STIFT HEILIGENKREUZ

essiert sind. Ja, sie gieren geradezu nach Leben – nur in einer besonderen Qualität, in stärkerer Dosierung und in höherer Konzentration.

»Wie kamen Sie nach Heiligenkreuz?«, frage ich Frater Kilian. »Durch Google«, lautet die verblüffende Antwort des jungen Mönchs, der, wie man an seinem Akzent hören kann, aus der Nähe von Frankfurt am Main kommt und in einem anderen Leben Betriebswirt war. Seine Antwort löst ein fröhliches Lachen unter den jungen Mönchen aus. »Auch ich verdanke meine Berufung Google, sollte das hier mit mir was werden«, zwinkert mir Patrick, ein sympathischer junger Kandidat, der erst wenige Wochen im Kloster ist, über die Kaffeetasse hinweg zu: »Na, vielleicht nicht ganz. Ich hab mir das live angeschaut und bin dann hängengeblieben. Übrigens war ich früher evangelisch …« Das nun kümmert unseren Betriebswirt, alias Frater Kilian, wenig: »Ich auch. Spielt doch keine Rolle, wo man herkommt – oder?«

Mönch sein: In die Wiege gelegt wurde es keinem. Einige waren so weit von Gott, Glauben, Kirche weg, dass sie Zisterzienser nicht vom Ku-Klux-Clan unterscheiden konnten. Mönch sein ist auch nicht die Steigerung von brav sein. Meist sind es krumme Zeilen, auf denen Gott plötzlich gerade schreibt. Es gibt richtige Lebenswenden. Bei einigen Mönchen gab es ›weltliche‹ Berufe, die nicht zum Lebensberuf wurden, weil ein schaler Geschmack davon abhielt, sich auf Dauer in ihnen einzurichten. Es gab Beziehungen zu Frauen, Freundschaften, die im Sand verliefen. Einer der Fratres bittet, nicht näher nach seiner, wie er sagt, »wenig ruhmreichen« Vergangenheit gefragt zu werden, in der er unter anderem als »Kleinunternehmer« Gärten gepflegt und Wohnungen entrümpelt hat. Kleinunternehmer klingt aus seinem Mund fast wie Kleinkrimineller.

Die Regel, die den Tag der Mönche, ja ihre ganze Lebensform strukturiert, scheint überholt. Aber sie ist in Wahrheit selbst für den Besucher, der nur ein paar Tage Klosterluft schnuppern will, so wohltuend wie ein Gehen auf vertrauten Wegen in einem alten Garten. Die Adjektive fliegen einem nur so zu: alt, bewährt, warm, menschenfreundlich, gut, am Ursprung orientiert. Dennoch ist das hier kein stimmig inszeniertes Mittelaltermärchen mit lebendigen Komparsen in schwarzweißen Gewändern. Die vermeintliche Idylle ist um einen hohen Preis erkauft. Man springt nicht eben einmal in eine Kutte. Denn ein solcher Sprung kostet das Leben. Stunde reiht sich an Stunde, die die Mönche im Chor verbringen. An Tagen fröhlicher Gottesgewissheit genauso wie an solchen völliger Nacht und Gottverlassenheit. Die Alten verglichen das Mönchtum mit einem Kampf auf Leben und Tod. Das Kloster ist der Kampfplatz. Und manchmal ist man sich selbst der grimmigste Feind.

Es hat sich auch herumgesprochen: Die Klöster, die sich mit Eifer und einer gewissen Strenge an die 1500 Jahre alte Regel des heiligen Benedikt hielten, gibt es heute noch. Über diejenigen, die sie mit augenzwinkernder Laschheit befolgten, ging der Treibsand der Geschichte hinweg. Stift Heiligenkreuz sucht in jedem, der neu ankommt und einsteigt, nach dem alten, ursprünglichen Zisterziensergeist. Der ist: Suche nach Gott, seinen Wegen und seinem Willen nachspüren, zuerst mit den Instrumentarien des Herzens, dem Instinkt der Liebe, dann erst mit dem Kopf. Das alles ist verwegen in seiner Kühnheit, denn das Projekt geht über die lange, die lebenslange Distanz. So ist unterhalb des klösterlichen Schweigens auch stets ein Unterstrom der Unruhe zu spüren. Die Dynamik der Suche fördert das Leuchtende hervor, sie spült aber auch das Unterste nach oben. Gott und der Böse – der Diabolos, der Durcheinanderwerfer – ringen um die Seelen derer, die sich einer Reise ohne Wiederkehr in das innere Land Gottes verschrieben haben.

Das Kloster ist die Bühne für das Drama derer, die alles auf die eine Karte gesetzt haben. Es bietet den äußeren Rahmen für 74-mal Leben mit diesem unbekannten Gott, dessen Geheimnis nur größer wird, je näher man ihm kommt. Die Konstanz der Regel, die Klugheit des Abtes und die Weisheit der Brüder schaffen eine Lebensordnung, die nicht zu hart und nicht zu lasch sein darf. Hier in Heiligenkreuz vollzieht sich das klösterliche Leben nicht in teutonischer Sturheit.

Das Ganze ist vielmehr temperiert durch österreichischen Charme und Achtsamkeit für das spezifische Charakterprofil des Einzelnen. Keine schlechte Mischung für die vielen suchenden jungen Leute, die mit hohen und höchsten Idealen hier ankommen. Die Kommunität ist zusammengesetzt aus Mitbrüdern verschiedener Nationalität; die Hochschule bringt zusätzliches internationales Flair in den Wienerwald. 43 Mitbrüder sind Österreicher, 29 Deutsche, einer kommt aus Sri Lanka, ein anderer aus Südafrika. Der Altersschnitt der Kommunität liegt bei 45,6 Jahren. Das ist für eine Klostergemeinde, in der natürlich keine Kinder leben, dafür etliche Greise, sensationell niedrig. Damit rangiert das Kloster nur um 3,6 Jahre über dem statistischen Durchschnittsalter der Bevölkerung Österreichs (in vier Ländern – in Italien, Deutschland, Japan und Monaco – ist die Bevölkerung noch älter). 21 Jahre ist der jüngste Mitbruder, 83 Jahre der älteste. »Achten Sie doch bitte auch auf die alten und ganz alten Mitbrüder!«, hatte mir der überaus freundliche und offene Abt Gregor Henckel Donnersmarck, einst Manager einer weltweit operierenden Speditionsfirma, mit auf den Weg gegeben, »Sie sind die Korsettstangen in diesem Organismus Kloster.«

Und dann stehen auch noch Priesterstudenten aus internationalen Zisterzienserklöstern neben den Heiligenkreuzer Mönchen in den Chorstallen der Winterkapelle: junge Männer nicht nur aus Deutschland und Österreich sondern auch aus Nordamerika, Vietnam, Bolivien, Sri Lanka. Sie alle singen einfach den gregorianischen Choral mit. Wer weiß, dass Vietnamesisch eine Sprache ist, in der es kaum Grammatik gibt, mag ahnen, welch ein kulturelles Stahlbad es für diesen jungen Mann da sein mag, sich die kunstvollen lateinischen Gesänge zu einer Art Muttersprache für den Kontakt mit Gott aufzuerlegen. Auch für gestandene Mitteleuropäer mutet der Gesang der Mönche fremd, vielleicht antiquiert an. Doch es gibt niemanden in Heiligenkreuz, der ihn abschaffen wollte zugunsten von etwas Einfacherem, Verständlicherem, Kommunizierbarerem. Gerade unter den jungen Leute im Kloster herrscht da Konsens: Der Choral ist wunderbar. Er ist der Abschied von einer Fast-Food-Pseudomusik, die nur zerstreut und die Sinne kitzelt. Nicht nur der Frater mit der quietschgelben Designerbrille weiß genau, was Techno und Hiphop ist. Wie andere Jugendliche konsumierten die jungen Mönche früher Rappermusik auf ihren mp3-Playern. Aber sie öffneten sich dann einer anderen Musik. Die Bibel spricht von einem »neuen Lied«. Es ist ein Gesang, der niemanden anspringt, der keine hämmernden, die Eingeweide erschütternden Beats kennt, der nicht verführt und nicht überreden will.

Die Mönche von Heiligenkreuz widmen sich von je her einem Lied, das aus der Stille kommt und gewissermaßen »objektiv« ist. Die jungen Leute, die erst seit ein paar Jahre Mönche sind, lassen sich integrieren in diesen tausendjährigen, einstimmigen, kraftvollen Gesang, der alles Subjektive abgelegt hat, weil er reines Gotteslob sein will. Natürlich steht ein spirituelles Konzept dahinter: Die Mönche hängen der verwegenen Vorstellung an, es müsse da ein Lied geben, das Vergangenheit,

Gegenwart und Zukunft, Menschen und Engel, Himmel und Erde verbindet.

Gewiss, der Betrachter, der von außen kommt, muss sich umstellen: Lebensweise und Kleidung der Mönche erscheinen nostalgisch. Aber weder das Leben in Zelle und Kreuzgang noch das Tragen eines weitschwingenden Habits sind Maskerade oder Flucht ins Mittelalter. Es ist einfach eine zeitlose, gelassene Art, die Moden und Vorlieben von gestern, heute und morgen beiseitezuschieben und sich dem Ewigen zu widmen.

Das kraftvoll die Zeit Überdauernde, das Starke, das Weise – das ist es, was junge Männer inspiriert, heute Mönch zu werden. Und doch sind das Argumente zweiter Hand. Man kann nicht Mönch werden, nur weil man ein Ordenshabit schick findet oder weil man süchtig nach gregorianischem Choral ist. Das letzte Geheimnis, das jeder Mönch in seinem Schweigen trägt, ist etwas Unmitteilbares, eine Liebesgeschichte mit Gott, ein Ruf, eine Verlockung. Indem da und dort einer Gottes zärtliche Stimme hört und sein bisheriges Leben hinter sich lässt, entsteht so etwas wie ein »Kloster«.

Vielleicht hört sie draußen jemand singen, die Mönche – verlockend schön, wie von einem anderen Stern. Könnte es nicht sein, dass dann dieser Jemand plötzlich versteht, wozu die Liebe Gottes Mönche und Nichtmönche, Christen und Nichtchristen bestimmt hat: *Life for Paradise* – zu einem Leben für das Paradies?

*

Dieses Buch ist entstanden, weil Mönche eine ebenso alte wie wunderbare Tugend besitzen: die Gastfreundschaft. Im Advent 2008 durfte ich mich über einen längeren Zeitraum in Kloster Heiligenkreuz einnisten, durfte mich geistlich vom Chorgebet der Mönche nähren und mich körperlich im Refektorium stärken. Ich durfte mit jungen und alten Mönchen sprechen, ihnen zuhören und von ihnen lernen – von ihrem Wis-

Mönche im Kapitelsaal

sen, vor allem aber von ihrem Eifer und von ihrer Liebe. Ich werde das in meinem Leben nicht mehr vergessen. Es gab Gespräche, die unversehens zu Sternstunden wurden. Als ich ging, schied ich von einigen als Freund. Abt Gregor Henckel Donnersmarck danke ich, dass er einem fremden Späher die geheimsten Kammern öffnete und Freiheit ließ zu sehen, zu fragen, zu schreiben.

Bernhard Meuser

Frater Johannes Paul
oder: Wie man auf dem Umweg
über Indien ins Kloster findet

Frater Johannes Paul ist 26 Jahre alt, ein frischer Typ – großgewachsen, von einer freundlichen, gleichzeitig auch herben intellektuellen Ausstrahlung. Die Begegnung mit ihm ist spontan und herzlich. Es gibt keine Verklemmtheiten oder Berührungsängste. Der Mann kann Rede und Antwort stehen; er weicht auch keiner Frage aus. Seit gut zwei Jahren ist er Mönch in Heiligenkreuz. Johannes Paul ist nicht sein richtiger Name, sondern sein Ordensname. Der richtige Name tut nichts zur Sache; der neue Name ist Programm. Ja, es ist der verstorbene Papst Johannes Paul II., nach dem sich der junge Mann nun nennt. Ihm verdankt er den entscheidenden »Kick«, den Anstoß, mehr zu wollen für sein Leben. Auf einem der Weltjugendtage – wahrscheinlich war es 1995 in Manila – hatte der Papst den Jugendlichen zugerufen: »Do not be satisfied with mediocrity!« – und damit ins Herz des jungen Mannes getroffen.

So ging es in diesen Jahren vielen Jugendlichen. Als Johannes Paul II. zehn Jahre später, an den Kar- und Ostertagen des Jahres 2005, qualvoll starb, nahmen unter dem Sterbezimmer des Papstes hunderttausend junge Leute weinend von ihm Abschied. »Wo kommen alle diese Jugendlichen her?«, fragten die Journalisten entgeistert. Ihnen war etwas entgangen. Der alte Papst hatte es verstanden, unter den Kindern von Microsoft und Apple die Saat des Glaubens neu auszustreuen. Mittlerweile ist sie aufgegangen. Es gibt weltweit eine neue Garde junger, begeisterter Katholiken mit analogem Branding (wie es übrigens auch in der evangelischen Kirche wieder begeisterte junge Leute gibt, die mit der Bibel etwas anfangen); ihr Eifer und ihre Hingabe beschämen bisweilen die Alten. »Gute junge Leute haben wir hier«, hatte mir gleich am Anfang der weißbärtige Klostermethusalem Pater Raynald im Refektorium zugeraunt, »tolle Burschen!«

Also der Papst war es, der ihn – Frater Johannes Paul – zum Mönch machte? »Der Papst und die Straßenkinder in Indien!«, antwortet Frater Johannes Paul. Wie das? Der junge Mönch erzählt von seinen Reisen, die ihn um die halbe Welt führten. »Reisen und Glauben haben ja etwas gemeinsam – in beiden Fällen geht es um Horizonterweiterung.« Neun Monate verbrachte er allein in Indien, half dort in einem Straßenkinderprojekt. »Die Straßenkinder haben mich bekehrt; ihre Freude hat mich überwältigt!« Die Freude der Straßenkinder? Ich verstand nicht gleich. »Ja, Sie haben sich nicht verhört. Die waren nicht einfach nur gut drauf«, erläutert Johannes Paul, »die waren richtig von innen heraus froh. Glauben Sie mir: Es gibt keinen Atheismus unter Straßenkindern!« Überall in Indien werde man nach drei Dingen gefragt: »Wie ist dein Name? Wie ist dein Familienstand? Was ist deine Religion?« Beruf, sozialer Status, Pläne für die Zukunft? Alles zweitrangig. Gott ist wichtiger. »Wenn du am Morgen des Tages nicht weißt, wovon du dich am Abend ernähren wirst, bist du in Gottes Hand oder nirgendwo«, meint Johannes Paul. In Indien lernte er beten. »Klar habe ich vorher auch irgendwie gebetet – aber Gott als DU, als wirklichste Wirklichkeit, die da ist, ansprechbar ist, das war mir unbekannt.«

Die Rückreise von Indien auf dem Landweg – sie führte ihn über Thailand, Vietnam, Kambodscha, China, die Mongolei und Russland nach Hause – war ein Abenteuer für sich. »Und so ein Weltenbummler landet dann hinter Klostermauern!?«, bemerke ich. »Ja, mit einem kleinen Umweg über ein abgebrochenes Jurastudium!« – »Gab es nicht die Versuchung«, frage ich, »ein ganzes Leben lang für die Armen da zu sein?« – »Gab es«, nickt Frater Johannes Paul, »aber ein Satz von Mutter Teresa leuchtete mir ein. ›Arme gibt es überall‹, hat sie einmal gesagt. Wir haben hier in Mitteleuropa mit der *seelischen Armut* zu kämpfen. Die seelischen Slums – die sind hier! Kurz, ich wollte der Kirche in meinem eigenen Land dienen, wollte helfen, dass die Botschaft der Freude hier wieder strahlt.« So fand Frater Johannes Paul den Weg nach Heiligenkreuz.

»Ist das dann nicht der definitiv falsche Ort«, hake ich nach, »ich meine, wenn es Ihnen um die Ausstrahlung des Glaubens geht?« – »Ich weiß, was Sie meinen. Ein monastisches Kloster scheint ja gerade der Ausstieg aus der Welt zu sein. Monachus, woraus sich das deutsche Wort Mönch bildete, leitet sich aus dem griechischen Monos [= *ein, allein*] ab; gemeint ist also derjenige, der allein lebt – allein mit Gott. Die Mönche suchen die Einsamkeit, den Abschied von der Öffentlichkeit. Sie ziehen hohe Klostermauern um ihr Areal und errichten eine Klausur, d. h. einen geschlossenen Bereich, in den Nichtmitglieder des Klosters nicht eintreten dürfen. Und das ist auch richtig so. Denn die erste Aufgabe eines Mönchs besteht darin, ein Leben lang Gott zu suchen und ihn anzubeten. Also geht man erst einmal weg von den Leuten, macht sich von allen anderen Bindungen frei.«

Das klingt nach einem frommen Egotrip. Ich sage das auch: »Ich dachte, Sie wollten mir etwas von der Ausstrahlung, vom Zeugnisgeben erzählen – und jetzt höre ich nur von Mauern, die hochgehen?« Frater Johannes Paul ist auf die Frage präpariert: »Glauben Sie nicht, dass auch eine Klostermauer ein Zeugnis sein kann?« Ich muss nachdenken. »Schauen Sie. Jenseits dieser Mauern gibt es einen unendlichen Zirkus der Vereinnahmung und Manipulation, dem sich kaum ein Mensch entziehen kann. Die Medien ergreifen schon von den Kindern Besitz, erzeugen eine süchtige Besessenheit. Oder nehmen Sie die Berufssphäre: Die Leute werden von der Totalität der Arbeitswelt geschluckt. Kurz: Das ganze Leben ist darauf angelegt, dass man sich mit Haut und Haaren an irgendwas oder irgendwen – sagen wir es in klassischer Terminologie: an ›die Welt‹ – verkauft. Ich finde, das ist nun die Botschaft der Klostermauern an diese Welt, dass wir schlicht *nicht mitmachen*, dass wir uns aus ihr zurückziehen. Danke – wir haben schon! Der Theologe Hans Urs von

Alt und Jung im gleichen Habit

Balthasar hat einmal gesagt: ›Niemand gräbt sich tiefer in das Gedächtnis der Welt ein, als der, der sie verlässt.‹« Ich finde, das ist ein wunderbarer Satz. Ich werde ihn in mein geistiges Repertoire aufnehmen.

»Und dann ist da unser Habit – auch der ist eine Form von Zeugnis!« O ja, der Zisterzienser-Habit – er ist eindrucksvoll: die weiße Tunika, das schwarze Skapulier darüber, schließlich die weite weiße Kukulle, die von den Professen während des Stundengebets getragen wird. »Ein schönes Fotomotiv!«, proviziere ich den jungen Mönch. »Die Kameraleute sind dankbar für soviel Operette.« Frater Johannes Paul lässt sich nicht provozieren: »Diesen weißen Habit gab es schon ein paar hundert Jahre vor der ersten Operette. Er hat eine tiefe symbolische Bedeutung.

Wir ziehen ihn an, weil wir – der Apostel Paulus betont das – in der Taufe neue Menschen geworden sind.« – »Also eine Art Taufkleid?« – »Und gleichzeitig ein Hochzeitskleid. Wir sind mit Gott verheiratet. Und das zeigen wir mit dem Gewand an.« – »Auch wenn Sie nach Wien fahren?« – »Auch wenn wir nach Wien fahren!« – »Stehen alle jungen Mitbrüder hinter dem Ordensgewand?« – »Alle!« – »Immer?« – »Immer. Wir sind immer im Dienst an Gott.«

Erst nachdem Johannes Paul über die Klostermauern und den Habit gesprochen hat, redet er auch von dem Zeugnis, das Mitbrüder im direkten Kontakt mit Jugendlichen geben. Heiligenkreuz gilt im weiten Umkreis als ein Jugendmagnet, obwohl die Mönche nicht viel dafür tun. Ihr Blick ist in erster Linie auf Gott gerichtet. Aber vielleicht ist das gerade das Geheimnis, dass die Jugendlichen spüren: Hier werden wir nicht strategisch vereinnahmt, sondern in einer Bewegung nach vorne mitgenommen, in das Gott-Suchen, die zentrale Aufgabe jedes Mönchs und der monastischen [= mönchischen] Gemeinschaft als Ganzer. »Man achte darauf«, redet die Benediktsregel den Klosterchefs ins Gewissen, »ob der Novize wirklich Gott sucht, ob er Eifer hat für den Gottesdienst, ob er bereit ist zu gehorchen und ob er fähig ist, Widerwärtiges zu ertragen.«

Dieses Gott-Suchen geschieht wie gesagt in der Gemeinschaft und als Gemeinschaft. Spirituelles Stargehabe, die ausstrahlende Inszenierung des Einzelnen wäre der fundamentale Widerspruch zum Ordensgeist, ja geradezu ein Ausschlusskriterium. »Wir sind als Kommunität die sichtbare Darstellung des Leibes Christi – und als solche sollen wir Zeugnis von unserem Glauben geben. Als Einzelne sind wir unerheblich«, sagt Frater Johannes Paul. Ich spüre, hier sind wir an einem wichtigen Punkt. Die Gemeinschaft, das ist nicht das pragmatische Miteinander, das stark macht für die Arbeit draußen. Diese Gemeinschaft hat eine tiefe spirituelle Fundierung. In der Liebe der Brüder füreinander leuchtet ihr Herr auf. »Wenn wir gemeinsam ein so ausstrahlendes Zeugnis geben, dass man uns junge Mönche nach unserem Glauben fragt, dann sind alle in der Kommunität gemeint, auch die ältesten Mitbrüder, die manchmal 50 Jahre und mehr die Last und Hitze des Tages getragen haben.« Ich spüre die Verehrung Frater Johannes Pauls für seine ältesten Mitbrüder im Konvent, für den Altabt Pater Gerhard oder den Mann mit dem fotogenen Prophetenbart, Pater Raynald. »Sie«, sagt Frater Johannes Paul, »sind die Säulen, auf denen die Kommunität ruht. Oder sagen wir es für Fußballer: Sie halten hinten den Kasten sauber, wenn wir Jungen vorne den Ball versenken.«

Also doch ein Auftrag, auf die Menschen zuzugehen? »Natürlich müssen wir missionarisch sein. Wenn die Kirche nicht mehr missionarisch ist, ist sie nicht mehr christlich.« Sind die Mönche also doch eine Art Kadertruppe des lieben Gottes, mit der man die gottlose Welt wieder auf Linie bringt? Frater Johannes Paul schüttelt den Kopf: »Wir haben keine Ideologie im Gepäck, sondern Freude. Wer die haben will …« Also keine Bekehrungsabsichten? »Na ja, wir wenden uns an freie Menschen und machen ihnen ein Angebot. Das stärkere Argument kann überzeugen.« Das wäre?

»Wir bieten der Freiheit die Freude an!«

Pater Wolfgang
oder: Wie man sich von der Oberfläche verabschiedet

Gegenüber Frater Johannes Paul ist Pater Wolfgang (44) ein alterfahrener Mönch. Bereits seit 1991 gehört er dem Konvent von Heiligenkreuz an. Der Auftritt des hageren, asketisch wirkenden Mannes mit der Titanbrille ist dezent und zurückhaltend, jedoch muss man ihn nur antippen und schon breitet er eine Fülle fundierten Wissens vor einem aus. Beim entspannten Frühstück – zwei Stunden Gottesdienst liegen schon hinter uns – komme ich auf Bernhard von Clairvaux zu sprechen, den zweiten Gründer des Zisterzienserordens, erwähne ihn auch als Kreuzzugsprediger. Das kommt nicht gut an. Ich komme in den Genuss einer druckreifen dreiminütigen Kurzvorlesung, in der mein gesammeltes Halbwissen in sich zusammenbricht. Keine Frage, Pater Wolfgang ist ein kluges Haus; er lehrt an der Hochschule von Stift Heiligenkreuz Spiritualität. Ich freue mich schon auf weitere Gespräche mit ihm – wir wollen noch über Innerlichkeit, Mystik, Meditation, Gebet, Spiritualität sprechen. Denn was macht einen Mönch aus, wenn nicht das Gebet?

Wie wurde Pater Wolfgang Zisterzienser? Auch er hat nicht gerade eine Standardbiographie vorzuweisen. In seinem ersten Leben hat er in München Kunstgeschichte studiert. »Sie kennen die Klientel?« Ja, ich kann mir den Typ Student gut vorstellen. Fein ging es zu – schicke Menschen mit erlesenem Geschmack und abgehobenen Vorstellungen. »Ich war nun leider nicht 1:1 für dieses Leben an der ästhetischen Oberfläche geschaffen, suchte, fand schließlich eine Art geistige Heimat in einem Gebetskreis und von dort einen Weg zum sozialen Thema, zum Helfen.«

Gott suchen …

Der Student der Kunstgeschichte engagierte sich bei der Bahnhofsmission, und zwar im Nachtdienst. Allerhand prekäre Existenzen strandeten da an: Menschen mit Drogenproblemen, junge und alte Aussteiger, Obdachlose, Suizidgefährdete. Wolfgang hörte ihnen zu, versuchte etwas zu geben. Aber was? »Ich spürte, was sie brauchten, war das *innerlich Schöne*.«

Ich glaube zu verstehen, was er meint: In der Seele eines Menschen kann Leere oder Chaos herrschen, es kann sich aber auch das ganz Schöne, die Begegnung mit Gott ereignen. Damals – in den Nächten auf dem Münchner Bahnhof – wusste Pater Wolfgang noch kaum etwas von Bernhard von Clairvaux und der Weisheit der alten Zisterzienserväter, mit der er sich später einmal befassen sollte. In den Pennern, Gestrandeten und Nachtgestalten in der Bahnhofsmission begegnete ihm aber damals schon die ungeschminkte Wirklichkeit jedes Menschen in seiner inneren Leere und Armut.

Bernhard schreibt vom Menschen ohne Gott, er sei »verdorben, blind, verkrümmt, schwach, in viele Irrtümer verstrickt, tausend Gefahren ausgesetzt, in tausend Schwierigkeiten beunruhigt […] zum Laster geneigt und zur Tugend unfähig.« Das für Gott empfängliche Herz sollte Lebensthema von Pater Wolfgang werden.

Eines Tages sollte es sich als seine Berufung herausstellen, Mönch im Orden des heiligen Bernhard zu werden, dort über »Spiritualität« zu forschen und sie zu lehren.

›Spiritualität‹ ist ein wabernder Begriff, unter dem heute vom Buddha für den Vorgarten, über Feng-Shui bis zur Heilkunst der heiligen Hildegard von Bingen alles verkauft wird. Ich mache Pater Wolfgang auf diesen Umstand aufmerksam. Er schmunzelt: »Ja, das geht so weit, dass sich sogar die kommunistische Partei Österreichs bei ihrem Parteiprogramm um eine spezifische Spiritualität bemüht und dabei sogar kühne Anleihen bei der christlichen Fokolarbewegung macht, wobei sie vergisst, dass sie philosophisch gesehen als Materialist jede Art von Geist und somit von Spiritualität leugnen müsste.«

Was er denn unter Spiritualität versteht, will ich wissen. Die Antwort, die Pater Wolfgang gibt, zeigt, dass er sich in einem Kosmos von Denkern aller christlichen Jahrhunderte bewegt, mit einer gewissen Vorliebe für das 12. Jahrhundert, die große Zeit der Zisterziensermystik. Hier nun antwortet mir Pater Wolfgang mit dem heiligen Hieronymus, einem großen Forscher, Denker und Kirchenvater des 5. Jahrhunderts: »Bei Hieronymus findet sich in einem seiner Lehrbriefe die Formulierung: ›Achte darauf, dass du in der Spiritualität Fortschritte machst.‹ Und er meinte damit: Achte darauf, dass du in einem *vom Geist geleiteten Leben* vorankommst. Verstehen Sie, was das bedeutet?« Ich versuche es in eigene Worte zu fassen: »Es bedeutet wohl, dass ein Christ sein Leben nicht selbst steuert, sondern eine Instanz – den Geist – entdeckt, dem er die Richtung seines Lebens anvertraut.« Pater Wolfgang scheint mit meiner Antwort einverstanden zu sein.

Aber ich will mehr wissen: »Was oder wer ist dieser Geist? Und wo entdeckt man ihn?« – »Die Leute denken bei Geist meistens an einen geistvollen Menschen, an einen klugen Menschen, der viel Wissen besitzt und anspielungsreich reden kann. Aber das ist nur eine sehr oberflächliche Vorstellung von Geist. Hier in der christlichen Spiritualität ist Geist ein anderer Name für Gott. Am besten macht man sich das klar, wenn man auf Jesus schaut. Wenn wir vom Geist Jesu reden, meinen wir nicht, dass Jesus besonders scharfsinnig oder gebildet gewesen wäre. Jesu Geist war *Heiliger Geist* – es war der Geist, mit dem er immer in Verbindung mit dem Vater war, der Geist, in dem er den Willen des Vaters erfüllte. Und diesen Geist hat Jesus seinen Freunden geschenkt. Denken Sie an das Johannesevangelium, in dem Jesus sagt: ›Es ist gut für euch, dass ich fortgehe. Denn wenn ich nicht fortgehe, wird der Beistand [und das ist dieser Heilige Geist Jesu] nicht zu euch kommen …‹ Man darf sich das beinahe räumlich vorstellen – dass Gott durch den Heiligen Geist im Innersten der Seele wie in einem Tempel wohnt. Die Väter nannten diesen Bereich der Seele Apex Mentis *[= Seelenspitze]*. Mönche, im Grunde aber alle Christen, sollen geistgesteuerte Leute sein –

d. h., sie sollen von dieser inneren Begegnung mit Gott leben. Ihre geistige Leere wird ausgefüllt durch das, was der Geist ihnen in einer inneren Begegnung mit Gott schenkt.«

Ich erwähne das Stichwort Meditation. Viele Leute meditieren ja, um zu sich zu kommen und inneren Frieden zu finden. Pater Wolfgang nickt: »Darin habe ich mich auch versucht. Mein Vater war Arzt, und er hat das Autogene Training empfohlen. Man kann damit auch bestimmte Effekte erzielen – man kann dadurch den Blutdruck senken oder sich das Rauchen abgewöhnen. Es handelt sich um eine Methode der Autosuggestion – und das heißt, dass man zuletzt die Hilfe von sich selbst erwartet. Hilf dir selbst, sonst hilft dir keiner! Letztlich ist es ein ewiges Kreisen um sich und die vermeintlichen Wunderkräfte, die man in sich hat. Und die man in sich wecken kann, wenn man nur die richtige Technik draufhat.«

»Das klingt wie eine Distanzierung!«, werfe ich ein. Pater Wolfgang stimmt nicht eindeutig zu, sondern will es genauer ausdrücken: »Nein, die Sehnsucht, innerlich zu sein, ist etwas zutiefst Menschliches. Ich glaube aber, dass es eine Innerlichkeit gibt, in der man nicht immer wieder nur auf neue Schichten seines Ichs stößt, sondern dass man tief innen einem *anderen* begegnet – Gott.« – »Wo haben Sie das entdeckt?« – »Ich habe das entdeckt, indem ich mich von einer Frau aus dem 16. Jahrhundert führen ließ – von Teresa von Avila. Sie hat mich vor einem ewigen Kreisen um das eigene Ich bewahrt und mich zu Gott als einem *Du* geführt. Sie hat mir gezeigt, wie man mit der Meditation des Vaterunsers in die Tiefe kommt.« – »Was passiert da?«, will ich wissen. »Man entdeckt eine Freude, die nicht aus uns selbst kommt, eine Freude vielmehr, die mir als Geschenk entgegenkommt. Man entdeckt das eigene Glück im Willen Gottes, in der Lust, diesem Willen zu folgen. Man entdeckt, dass ein liebevoller Gott da ist, der mich frei macht. Man entdeckt eine innere Kraft, die einem am Ende seiner eigenen Kräfte zuwächst. So bedeutet christliche Meditation nicht, ein höheres Bewusstsein zu gewinnen durch Auslöschen des eigenen Ichs, sondern ein Fin-

BLICK AUS DEM KREUZGANG IN DEN INNENHOF

den des inneren Menschen in der Begegnung mit Gott, der mir innerlicher ist, als ich es mir selbst bin.«

Als Pater Wolfgang das Zimmer verlassen hat, denke ich über seine Funktion als Lehrer der jungen Mönche nach. Was ist wohl seine wichtigste Botschaft an diese suchenden jungen Leute? Vielleicht dass ein christlicher Mönch innerlich sein muss, ohne sich selbst zu suchen. Daraus würde ja kein Kloster entstehen, allenfalls eine Gruppe synchron tickender Monaden. Der wahre Mönch wird innerlich sein, *um Gott zu suchen* – das führt zur Freude, in die Freiheit und zum anderen.

Frater Nikodemus
oder: Wie man vom falschen Film in den richtigen kommt

Wenn Frater Nikodemus (41) den Mund aufmacht, hört mein Ohr eine kaum spürbare Beimischung von pfälzischem Dialekt. Das berührt mich mit Sympathie, denn es ist ein heimatlicher Klang. Auch Frater Nikodemus ist einer von diesen hochgewachsenen, schlanken Mönchen, die in den Chorstallen der Stiftskirche das beeindruckende Bild einer ›Garde Gottes‹ abgeben. Sein Gesicht ist scharf geschnitten; die Augen aber haben Wärme, sind nach innen gerichtet. »Ja, ich bin ein introvertierter Mensch«, bestätigt mir Frater Nikodemus ungefragt den äußeren Eindruck. Wir wollen uns über das Thema Berufung unterhalten.

›Berufung‹ ist hier das Codewort. Ohne Berufung geht gar nichts. Keiner überlebt hier, nur weil er vor den Anforderungen einer gnadenlos durchstrukturierten Berufswelt, gar vor seinen Problemen mit einer Partnerschaft oder sich selbst davonlaufen wollte. »Will Gott, dass du das machst?« Und: »Will Gott, dass du das hier machst?« – das sind die zwei entscheidenden Fragen, die sich jeder Neuankömmling stellt. Zuerst ist man Kandidat (eine Zeit, in der man prüft, ob das klösterliche Leben für einen selbst passend ist), dann wird man für ein Jahr Novize (man besucht also das sogenannte »Noviziat« *[von lat. novus = neu]*, in dem man auch schon eine besondere Form des Ordenskleides und einen Ordensnamen erhält, aus Christoph wurde Nikodemus), dann legt man seine Zeitlichen Gelübde ab (das ist noch einmal eine Zeit, in der man sich prüft vor der endgültigen Entscheidung), schließlich mündet das Ganze in die Ewigen Gelübde. Dann erst ist man voll und ganz Mönch.

Grundsätzlich könnte man damit die beiden oben genannten Fragen als erledigt betrachten. Denn sie sind von zwei Seiten beantwortet: Der Mönch sagt: »Ja, ich habe mich vor Gott und meinem Gewissen geprüft – und weiß: Das ist meine Berufung!« Der Abt sagt: »Ja, die Mitbrüder und ich – wir haben dich geprüft und wir glauben vor Gott und unserem Gewissen sagen zu können: Das hier, dass du bei uns bist und das tust, was wir tun, das ist deine Berufung!« Dennoch wird man keinen echten Mönch finden, der nicht immer und immer wieder aus den Quellen seiner Berufung lebt. Denn Gottes Ruf ergeht nicht nur einmal; es ist im Rahmen einer generellen Zusage ein immer neues Rufen, man könnte auch sagen: Es ist ein permanenter Dialog.

»Frater Nikodemus, wann haben Sie gespürt, dass Sie eine Berufung haben – eine Berufung in ein Mönchskloster?« Nikodemus stöhnt auf und lacht: »Aus der Tatsache, dass ich 39 Jahre alt war, als ich hier eintrat, ersehen Sie, dass ich das so einfach nicht beantworten kann …« Ich bin erstaunt: »Sie sind also erst seit gut zwei Jahren hier?« – »Ja, und das ist nichts Ungewöhnliches. Dass mal jemand direkt nach dem Abitur oder der Matura kommt, das gibt es auch, aber es ist fast eher die Ausnahme. Und ich glaube, das ist ganz gut so.« – »Warum?« – »Na, wenn ich an mich zurückdenke: Mit zwanzig glaubte ich nicht mehr an Gott. Heute bin ich Mönch. Krisen und fundamentale Erschütterungen gehörten dazu …« Ich ergänze für mich: »… und es ist vielleicht besser, wenn man sie vor dem Klostereintritt erlebt.« Nun bin ich neugierig auf die Geschichte dieses reflektierten Mannes. Mich interessiert, wie er aus den Fußspuren seines eigenen Lebens die Führung Gottes herausliest.

Frater Nikodemus erzählt bereitwillig und ohne Scheu. Geboren in Ludwigshafen, ging er 19 Jahre lang dem Beruf eines Zahntechnikers nach. »Ich habe das keineswegs beiläufig gemacht, war vielmehr leistungsorientiert und idealistisch eingestellt. Die Meisterprüfung habe ich abgelegt, um möglichst hochqualifiziert zu sein. Man kann sagen, dass ich einen wirklich guten Job gemacht habe, mein Bestes für die Kunden gegeben habe. Trotzdem war da irgendein Moment der Störung, ein

Körnchen im Getriebe, das verhinderte, dass ich mich hundertprozentig mit meiner Arbeit identifizieren konnte …«

Nun ist der Beruf die eine Sache, Partnerschaft und Liebe die andere. Ich wage es, Frater Nikodemus auch danach zu fragen: »Der Beruf ist ja nur das halbe Leben. Hatten Sie eine Freundin oder Partnerin? Wollten Sie nicht auch einmal eine Familie gründen und Kinder haben?« Frater Nikodemus schien schon mit dieser Frage gerechnet zu haben: »Im Grunde genommen erging es mir in dieser Hinsicht nicht anders als mit meinem Beruf. Es gab da eine Frau, mit der ich in einer zweijährigen Partnerschaft lebte. Aber irgendetwas passte nicht. Ich denke zum Beispiel daran, dass ich nie Kinder wollte. Meine damalige Freundin ist heute glücklich verheiratet. Wir sind noch immer richtig gute Freunde, glücklich darüber, dass jeder von uns seinen ganz eigenen Weg gefunden hat – der eben kein gemeinsamer Weg werden konnte.«

Ich frage noch eine Spur direkter: »Das Moment der Irritation, das verhinderte, dass Sie sich in Ihren beruflichen und privaten Verhältnissen behaglich einrichten konnten – hat das einen Namen?« Nikodemus nickt und sagt unvermittelt: »Gott!« Einfach so. Als würde er auf die Frage nach der Ursache von Zahnschmerzen »Karies!« sagen. Woher er das weiß, will ich wissen. Frater Nikodemus beginnt vorsichtig: »Eigentlich kann ich ja nur von *mir* reden, von *meiner* Erfahrung. Aber die Geschichten, die ich rechts und links hier im Kloster höre, gleichen sich strukturell wie ein Ei dem anderen. Also sage ich: Gott sendet Signale in jedes Leben hinein. Er hat für jeden Menschen eine Art Berufung vorgesehen. Er will diesen Menschen an einem bestimmten Platz. Wenn du woanders hingehst, dann kannst du das tun. Aber es reibt sich. Du bist im falschen Film. In der falschen Beziehung. In der falschen Funktion. Du findest keinen Frieden. Und dann musst du suchen. Irgendwann kriegst du einen Ball vor die Füße gespielt …« Ich unterbreche: »Sie interessieren sich für Fußball? Welcher Verein?« – »Na ja, das hat schwer nachgelassen. Früher war ich ein großer Fan vom FC Bayern, später hatte ich ein Faible für die Roten Teufel vom Betzenberg – ich bin ja Pfälzer, das geht ja gar nicht anders. Überhaupt machte ich gerne Sport, habe Badminton und Tischtennis gespielt, bin Inliner gelaufen usw. ...«

Der Sport hat unseren frommen Dialog unterbrochen. Mehr als die Sympathien für die Roten Teufel interessiert mich seine *sympathy for heaven*. »Sie haben das Wort ›Gott‹ in den Mund genommen. Gleichzeitig haben Sie mir erzählt, dass Sie mit zwanzig an alles, bloß nicht an den lieben Gott geglaubt haben. Wie haben Sie denn diesen verrückten Turnaround geschafft?« Frater Nikodemus folgt gerne meiner Einladung, etwas weiter auszuholen. Er erzählt von einer katholischen Kindheit, davon, dass er Ministrant und in der kirchlichen Jugend war. Aber nichts hinterließ wirkliche Spuren in seiner Seele. Philosophisch gesprochen war er ein Skeptiker. ›Gott‹, von dem man in der Familie, in der Kirche, im Religionsunterricht redete, war nur eine Vokabel, eine imaginäre Vorstellung, eine Münze ohne realen Gegenwart. Gott war unsichtbar. Beweise gab es nicht. Dieses behauptete Etwas entzog sich jeder messbaren Nachprüfbarkeit. »Mein Glaube an Gott erlosch, weil er nicht reflektiert war, weil er nicht im Gebet verankert war, weil ich mir der Wichtigkeit einer persönlichen Beziehung zu Gott nicht bewusst war. Da hat mich nichts mehr getragen. Ich bin ein sensibler Mensch. Ein Typ, der sucht. Natürlich brauchte ich einen Sinn, etwas, woran ich mich halten konnte. Also las ich, was mir zwischen die Finger kam, Biographien vor allem. Und dann passierte etwas Merkwürdiges. Meine Tante trat auf den Plan ...«

»Aha, eine List des Himmels, nehme ich mal an?«, werfe ich schmunzelnd ein. – »Kann man so sagen«, lacht Frater Nikodemus. »Meine Tante schenkte meinem Vater ein Buch über Medjugorje. Sie wissen vielleicht, diesen Wallfahrtsort in Bosnien-Herzegowina, an dem Maria erscheint?« Ich hatte davon gehört. »Mein Vater las das Buch, aber es berührte ihn nicht. Ich weiß nicht, was mich ritt, dieses Buch in die Hand zu nehmen. Ich nahm. Las. Legte das Buch weg. Nahm es wieder. Es arbeitete in mir. Nahm es noch einmal. Und innerhalb von

FRATER NIKODEMUS (MITTE) BEIM CHORGEBET IN DER KLOSTERKIRCHE

ziemlich kurzer Zeit wurde ich vom Kopf auf die Füße gestellt.« – »Was meinen Sie damit?«

»Ich glaubte, wusste plötzlich: Gott ist *wirklich*. So wirklich, ja noch viel wirklicher als mein Unterarm. Ja, ich wusste nicht nur, dass es ihn gibt – in kosmischen Fernen, irgendwo jwd –, nein, ich spürte, dass er da ist. Hier. Jetzt. Dass er nach mir greift. Dass er mich packt.« – »Und dann sind Sie schnurstracks ins Kloster gegangen?« – »Wo denken Sie hin! Ich hielt mich nicht für ein geistliches Leben berufen, wollte die Botschaft Gottes einfach in meinem normalen Leben umsetzen.«

»Aber Ihre Bekehrung – hat sie denn keine unmittelbaren Folgen gehabt?« – »Doch, doch, ich habe andere religiöse Bücher gelesen, mich sozial engagiert – habe mich etwa um sozial Schwache gekümmert –, und ich bin in die heilige Messe gegangen. Es zog mich was, aber es war noch nicht stark genug. Erst in den letzten zwei, drei Jahren vor meinem Eintritt in das Kloster wurde der Wunsch, anders zu leben, immer stärker. Gleichzeitig hatte ich das Gefühl, in einer Sackgasse angekommen zu sein. Da war diese Reibung im Beruf, das Wissen: ›Da gehörst du nicht hin!‹ Es war die Ouvertüre zu einem Leben im permanenten Spagat. Ich wusste, ich konnte nicht so weiterleben, wie ich lebte. Also, man könnte sagen: Ich fühlte mich richtig *rausgestoßen!*« Ich stieß mich an dem negativen Begriff ›rausgestoßen‹: »Unter einer Berufung stelle ich mir etwas Helles, Freundliches vor, einen verlockender Ruf, eine schöne Einladung. Bei Ihnen klingt das so negativ. Gestoßen, gedrängelt, geschubst.«

Frater Nikodemus beharrt auf seiner Version: »Es war genau so, wie ich es Ihnen sage. Ich habe es auch als negativ empfunden. Hören Sie, ich war 38 Jahre alt! Für mich war das eine Niederlage, eine große Krise! Ich brauchte richtig Zeit, um auf den Gedanken zu kommen, dass es der *Finger* Gottes ist, der mich schubst. Um diese Zeit kam auch der Gedanke, ob ich nicht vielleicht Mönch werden sollte. Das Chorgebet zog mich an, die Gemeinschaft mit Gleichgesinnten, ein Leben führen, in dem Gott im Mittelpunkt steht – einfach ein wesentliches Leben! Ich kann auch gut allein auf dem Zimmer sein. Andererseits schreckten mich diese Kutten ab, wie ich damals sagte. Ich meine den Habit. Es fiel mir sehr schwer, mich in einem Habit vorzustellen. Alle werden sie dich anstarren! Grausam! Jetzt trage ich den Habit sehr gerne – er ist meine Identität geworden.«

Frater Nikodemus zog mal auf Probe in die Benediktinerabtei Münsterschwarzach ein – in Jeans natürlich: »Hat mir gut gefallen, dort. Das waren tolle Leute!« – »Und warum sind Sie dann nicht geblieben?« – »Weil sie mich wieder weggeschickt haben. Es war so: Die Gespräche mit den Mönchen halfen mir nach und nach, das Profil meiner Berufung klarer zu sehen. Und da gab es einen einzigen Punkt, der nicht richtig zur Deckung zu bringen war. Ich hatte und habe eine starke Beziehung zu Maria. ›Dann gehen Sie zu den Zisterziensern, das sind reformierte Benediktiner, aber die sind mehr marianisch!‹, sagte mir der Benediktinerpater, der mich damals geistlich begleitete. Ich machte mich im Internet kundig. Bochum-Stiepel, sah ich da. Ich schrieb dort hin und erhielt bald darauf Post: ›Kommen Sie am 24. Juli!‹. Der 24. Juli war mein Namenstag. Das sagte ich mir: ›Das passt, da gehst du hin!‹« Es passte wirklich.

Ein Mönch geht seinen Weg

Frater Coelestin
oder: Wie man den Job,
aber nicht die Brille wechselt

Wenn alle Hunde Theobald lieben, dann lieben alle Mönche Frater Coelestin. »Der ist eine Nummer!«, hatte mich ein junger Mitbruder mit leichtem Augenzwinkern gewarnt. Und ein älterer Mitbruder hatte mir zugeraunt: »Er ist halt sehr jung, hat noch den Charme eines Gymnasiasten!«

Voilà – Auftritt Frater Coelestin (20)!

Das Erste, was mir an ihm auffällt, ist die Designerbrille mit den heftigen Gelbanteilen. »Ist was mit der Brille? Gefällt sie Ihnen nicht?« – »Nein, sie ist hübsch, aber etwas ungewöhnlich für einen Mönch! Damit könnten Sie auch in die Disco gehen!« – »Die passt zu mir. Und außerdem stammt sie von vor meiner Klosterzeit.« Schnelle Antwort, schneller Mann. »Sie passt zu mir«, setzt Frater Coelestin noch einmal an, »weil i a bissal verrückt bin.« – »Wieso?« – »Na, ja, ganz normal bist net, wennst in a Kloster gehst.« Exquisite Brille, exquisiter Lifestyle!

Anderthalb Jahre ist Frater Coelestin schon im Kloster. Das ist zwar nichts gegen die 61 Klosterjahre von Altabt Gerhard. Aber wenn einer die Chance hat, den Altabt zu toppen, dann Coelestin. »Glauben Sie, dass Sie das schaffen, für immer im Kloster zu bleiben?« – »Mir gefällt's. Mir geht nix ab. Hab die Zeitlichen Gelübde abgelegt. Das heißt: Ich bin quasi verlobt. Schau ma mal, ob's passt. Bin jung und dumm!« Das ist natürlich klassisches Wienerwälder Understatement! Dumm ist Frater Coelestin keineswegs. Er hat die Matura – im Fach Holztechnik. Und auch das passt. Frater Coelestin ist nämlich durch und durch Praktiker. Das Erste, was er sich organisiert hat für seine Zelle, ist ein Hammer.

»Natürlich haben wir alles Werkzeug grundsätzlich gemeinsam. Man geht in die Werkstatt, holt sich eins. Und bringt's nie wieder zurück.« Liebe Mönche von Heiligenkreuz! Sollte irgendwann einmal kein Hammer mehr in der Werkstatt sein – ite ad Coelestin!

Dabei fällt mir ein: »Wie steht es eigentlich mit dem Latein? Haben Sie das auf der Schule gehabt?« – »Naa, muss ich nachholen! Nervt und kostet Zeit ohne Ende!« – »Und, wie ist das dann so, wenn Sie ein paar Stunden am Tag lateinische Psalmen beten? Verstehen Sie denn nun schon, was Sie da singen?« – »Naa.« – »Nein?« – »Na, immer wieder mal ein Wort. Und das nächste Mal eins mehr. Und dann wieder eins.« Ich bin von den Socken: »Aber wie überleben Sie das dann, ich meine geistig? So Stunde um Stunde etwas zu tun, was Sie eigentlich gar nicht verstehen?« – »Wissen Sie, ein Jesuit soll einmal gesagt haben: ›Sind wir doch froh, dass wir so wenig von den Psalmen verstehen, sonst könnten sie uns noch vom Gebet ablenken.‹« – Natürlich, ein Jesuit!

Unversehens kommt unser Gespräch aus dem Plauderton auf ein anderes Plateau. Frater Coelestin hält mir einen kleinen Vortrag über das Beten und insbesondere über das Chorgebet. »Die Leute denken oft, das Beten würde erst dann beginnen, wenn man alles *versteht*. Aber was verstehen wir denn? Verstehen Sie wirklich, was Sie beten? Es kommt doch vor allem darauf an, dass wir Gott lieben und unser Herz mit ganzer Leidenschaft für ihn öffnen. Das Wenige, was wir vom Evangelium verstanden haben, sollen wir leben. Das war auch die Botschaft von Frere Roger Schutz aus Taizé. Das schließt ganz an die Worte des heiligen Bernhard an, der uns empfiehlt, wir sollen Wiederkäuer des Wortes Gottes sein, sollen so lange auf ihm herumkauen, bis wir ›auf den Geschmack‹ kommen. Oft genügt mir ein Wort zum Beten – und oft ist mir selbst das zu viel. Nehmen wir das eine Wort – da bleibe ich dran und öffne mich über diesem Wort für Gott. Und dann kommt schon das Ende des Psalms, das *Gloria Patri* [das Ehre sei dem Vater …], bei dem sich alle Mönche ganz tief verneigen. Altabt Gerhard hat uns gesagt, dass wir dabei alle Gedanken wieder zurückholen sollen, die während

Frater Coelestin

des Psalmgebets auf die Reise gegangen sind. In der Verneigung des *ganzen Leibes* schenken wir Gott unser *ganzes Herz!*«

Ich bin beeindruckt. »Jetzt sagen Sie mir aber mal, Frater – wie kommt so einer wie Sie ins Kloster?« – »Ja, da war unser Pater Karl nicht ganz unschuldig dran – er und seine Jugendvigil. Am Freitag ist wieder Jugendvigil. Da müssen Sie unbedingt hingehen! Das ist toll, da ist richtig Stimmung! Wissen Sie, Pater Karl weiß einfach, wie man mit Jugendlichen umgehen muss. Er ist nämlich ganz locker, nicht abgehoben und weltfremd – na, a bissl scho, wie alle Mönche eben. Wenn du dann so einen kennenlernst, dann schaust du seine Homepage an, ich meine jetzt die Homepage vom Kloster. Hab die Homepage beim ersten Surfen richtig in mich aufgesogen. Ich konnte mich einfach nicht sattsehen an den Bildern aus dem Kloster.« – »Der Kreuzgang und so?« – »Nein, eher die Leute … was die da machen. Die Liturgie *[griech. Gottesdienst]*. Die Lebensweise.« – »Und dann sind Sie zu dem Pater Karl hingegangen und haben gesagt: ›Wie ist das, kann ich mir das Kloster mal live anschauen?‹ – oder wie muss ich mir das vorstellen?«

Coelestin schüttelt den Kopf. »Es war ganz anders. Kaum hatte ich die Matura, da kam schon die Musterung. Was jetzt? Soldat werden? Zivildienst machen? Wie das so ist. Es kommt im Leben manchmal alles zusammen! Da bin ich dann ins Kloster gegangen. Jetzt denken Sie: Kein Job, keine Freundin! Ab zu den Mönchen! Richtig ist: Ich tastete mich über Pater Karl mal an die Sache heran, indem ich ihn fragte, ob Mönche denn wehrpflichtig sind. Die Antwort war: Nein. Nun ist das ja kein Grund, um in ein Kloster einzutreten. Aber es begann erst einmal ein spannender E-Mail-Wechsel …« – »Und?« – »Na ja, dann wurde das länger!«

»Hier, schauen Sie mal, was ich gerade so mache!« Frater Coelestin zeigt mir stolz ein laminiertes Blatt mit einer komplizierten Choralnotation – ein wunderschönes Bild. »Hab ich in unserer Notenwerkstatt selbst gesetzt und gedruckt! Ich arbeite nämlich im Skriptorium *[lat. = Schreibstube]!*« Aha, denke ich – so sieht also der moderne Nachfahre der mittelalterlichen Chormönche aus, die tagaus, tagein kostbare Handschriften malten. Das Ergebnis überzeugte spontan. »Außerdem bin ich der IT-Experte des Klosters.« Auch das glaube ich ihm sofort. »Und – sind die Mönche lernfähig, was den Computer anbelangt?« – »Die meisten, ja. Einige … nicht so.« Er schaut ein bisschen an die Decke. »Wahrscheinlich die älteren Mitbrüder? – »Da täuschen Sie sich. Eher die mittleren. Einige von den ganz Alten sind total fit am PC, etwa unser Altabt Gerhard.«

Den »guten Eifer«, den Benedikt von den Mönchen fordert, ich habe ihn bei ihrem Jüngsten gefunden. Der Junge gefällt mir. Nach anderthalb Jahren ist es gewiss zu früh für eine Zwischenbilanz. Ich frage also vorsichtig, ob die klösterliche Realität denn dem entspricht, was er auf den schönen bunten Bildchen der Homepage gesehen hatte. »Natürlich ist es aus der Innenperspektive anders. Sagen wir so: Es ist alles nicht mehr so romantisch; es ist viel nüchterner, aber unbeschreiblich schön. Hätte es mir übrigens ein bisschen ruhiger vorgestellt. Du bist den ganzen Tag auf Trab. Aber nach wie vor bin ich der Meinung: Es ist die genialste Weise, sein Leben zu leben. Du musst dich nur mit ganzer Leidenschaft drauf einlassen.« – »Einsam?« – »Na, überhaupt ned! Bin kaum mal im Zimmer. Alleinlebende sind sicherlich einsamer als ich.«

»Haben Sie ein Motto, Frater Coelestin?« Er nickt, lächelt. Klar, hat er. »In allem, was du tust: Sei Realist, aber bleibe ein Träumer.«

Frater Severin
oder: Wie man fastet
und trotzdem gut isst

Der Mann sieht nicht nach ›Fasten‹ aus, denke ich, als Frater Severin zur Tür hereinkommt. Hatte man mir nicht gesagt: Der versteht etwas davon? Ich begrüße einen stämmigen Mann (Marke »Robusto«, wie er sich fröhlich selbst charakterisiert), dem man einen Kilometer gegen den Wind den Pragmatiker ansieht. Auch der Händedruck verrät: Der Mann kann anpacken. Humor hat er auch, der Frater Severin: »Also in mir haben Sie einen, der nicht über Google ins Kloster gekommen ist. Ich bin zur Abwechslung auch mal kein Deutscher, sondern ein waschechter Wiener.« 39 Jahre ist Frater Severin alt; erst seit gut zwei Jahren gehört er der Klostergemeinschaft an, bekam jedoch bereits nach dieser kurzen Zeit wichtige Verwaltungsaufgaben übertragen. Kein Wunder, Frater Severin war früher Unternehmer, hatte bis vor kurzem drei Angestellte und einen bestens funktionierenden Betrieb in einem Gewerbe mit Zukunft. Er war nämlich Recycler in Sachen Metall oder – O-Ton Severin – ›Schrottgroßhändler‹; d. h., er kaufte Altmetall auf und führte es containerweise in ganz Europa einer neuen Nutzung zu.

Ich reibe mir die Augen. Nicht nur Severin, auch Gott scheint Humor zu haben. Was macht ein ›hinreißender Schrottgroßhändler‹ (so hatte Arnold Stadler seinen Roman genannt) im Kloster? Gleich würde ich mit einem jüngeren Ordenspriester sprechen, der einmal ein New Yorker Literaturscout und promovierter Theaterwissenschaftler war; und der weitere Vormittag war ausgefüllt durch die Begegnung mit einem jungen Mönch, der einmal ein avancierter moderner Bildhauer in Ost-Berlin war. Und nun dieser Mann, der in Wien ›in Eisen‹ machte.

Menschen, wie sie in keinem Fußballclub der Welt zusammenfänden – friedlich vereinigt beim gregorianischen Choral: Das glaubt dir draußen keiner, schoss es mir durch den Kopf. Ich lud Frater Severin ein, sich zu mir zu setzen: »Also – wie sind Sie ins Kloster gekommen?«

Freimütig erzählt er: »Es lag gewiss nicht daran, dass mir das Geschäft mit meinen drei Angestellten keinen Spaß gemacht hätte. Oder dass die Geschichte nicht genug abgeworfen hätte. Mir ist es finanziell sogar recht gutgegangen, und ich besaß ein gutgehendes Unternehmen in einer Zukunftsbranche. Ich hatte aber schon immer das Gefühl, ich sollte ins Kloster gehen.« – »Kein Interesse an Freundin, Ehe, Kindern?« – »Nein, es gab da nie konkrete Pläne. Wie gesagt: Mich interessierte immer schon das Kloster, praktisch von Kindesbeinen an. Wien ist ja nur einen Katzensprung von Heiligenkreuz entfernt. Ich kam immer wieder her, freute mich an der Liturgie und dachte: Hier wärst du gerne!« – »Und dann haben Sie so lange gewartet … bis Sie 36 waren?« – »Man muss es halt *machen!* Da gehört eine Menge dazu. Man muss mal wirklich durch diese Tür gehen, reden, sich vorstellen. Und dann hatte ich ja noch die Firma im Kreuz. Die kann man nicht eben mal zumachen oder verscherbeln. Man hat ja Mitarbeiter. Für die hat man eine Verantwortung.« Während Frater Severin seine Überlegungen vorträgt, fällt mir seine väterliche Ausstrahlung auf – ein richtig guter Hausvater, denke ich. Dem kann man etwas anvertrauen. Der hält auf seine Sach', hätte mein Vater gesagt. Und als ob er das bestätigen wollte, fährt Severin fort: »Keiner wurde entlassen, als ich verkaufte. Das war mir wichtig. In zwei Monaten war alles über die Bühne. Da hat jemand von oben geholfen.«

Ich frage nach: »Im Evangelium steht: Verkaufe alles, was du hast, und gib es den Armen. Haben Sie das auch gemacht?« – »Man übergibt seinen Besitz erst bei der Ewigen Profess. Noch habe ich die ja nicht – und das ist ja eine beiderseitige Geschichte. Ich muss das Kloster wollen, und das Kloster muss mich wollen. Ich mag den Zisterzienserorden und das Kloster sehr.« – »Irgendwelche Probleme mit der Wirklichkeit Kloster?« – »Keine Probleme! Fühle mich pudelwohl.« – »Auch nicht mit dem *Gehorsam?*« Ich insistiere bewusst auf diesen Punkt. Der Mann war immerhin ein halbes Leben lang Boss. Frater Severin lächelt: »Ja, Sie haben den Knackpunkt erkannt. Davor hatte ich in der Tat Angst – ob ich mich wirklich gut unterordnen könnte. 20 Jahre lang war ich mein eigener Chef, hatte niemand über mir als das Finanzamt und den lieben Gott. Aber wie gesagt: keine Probleme!« – »Wirklich keine?« – »Nein.« – »Priester wollen Sie auch werden?« – »Ja, liegt auf dem Weg. Aber in erster Linie möchte ich dem Orden dienen, das ist mir ganz wichtig! Ich bin halt nun mal Kaufmann, also denkt man in der Leitung wohl an so weltliche Sachen wie Administration, Ökonomie usw. Das liegt mir auch. Ich hänge an diesem Haus, liebe es seit meiner Kindheit. Ich gehe gewissermaßen mit anderen Augen durch das Stift, sehe zum Beispiel sofort, was kaputt ist. Aber ich könnte auch Seelsorge machen, Pfarrer sein, wenn das gebraucht wird.« Prima, denke ich, eine Allzweckwaffe. Jetzt will ich aber doch wissen, welche Beziehung dieser bodenständige Mann, der einen gewissen Bauchansatz nicht verbergen kann (und will), zum Fasten hat.

»Schauen Sie, ich habe mir im Noviziat dazu meine Gedanken gemacht, habe sogar eine kleine Arbeit dazu verfasst. Ich bin Realist und sehe zwei Sachen. Erstens: Fasten ist biblisch, und auch der Mönchsvater Benedikt verlangt in seiner Regel, dass wir fasten. Zweitens: Dass wir Hungerkünstler sind, nimmt uns niemand ab.« Der Mann sagt es, denke ich, denn sonst müsste man mehr oder weniger die ganze Führungscrew des Klosters austauschen gegen hohlwangige Asketen, was schade wäre. Die Chefs stehen gut im Futter, gönnen sich, den Mönchen und den Gästen was. Das Essen ist köstlich, aber nicht übertrieben. »Ach was, wir sind doch kein Bettelorden«, weiß Frater Severin, »der sich die heiße Suppe vom Mund abspart. Den Eindruck wollen wir auch gar nicht erwecken. Gut, wir haben unsere traditionellen fleischfreien Fasttage, den Mittwoch und den Freitag, aber sonst gibt es bei uns immer was Gescheit's zu essen. Auch Jesus war kein Asket, Kana eine Hochzeit und kein Heilfasten …« Ich unterbreche das schöne Plädoyer: »Aber dann haben Sie das Fasten ja eigentlich abgeschafft, nicht wahr?«

»Das ist ein Irrtum!«, korrigiert Frater Severin. »Wir halten uns sogar ziemlich genau an den heiligen Benedikt. Dort schreibt er: ›Jeder hat seine Gnadengaben von Gott, der eine die, der andere jene. Deshalb bestimmen wir nur … [Severin liest es mit erhobener Stimme] … *mit einigem Bedenken das Maß der Nahrung für andere*. Über diese Stelle muss man gut nachdenken!« Ich verstehe nicht sofort. Frater Severin hilft mir auf die Sprünge: »Verordnetes Zwangsfasten für alle, da ist Benedikt sehr vorsichtig. Denken Sie mal, in einem Konvent würde eine Art öffentliches Wettfasten stattfinden! Die Mönche würden sich gegenseitig in der Kunst des Nichtessens übertreffen wollen! Grauenhaft! Stellen Sie sich das mal vor: *Einer isst* – und alle schauen. Das ist die Hölle! Benedikt lädt zwar zum Fasten ein, aber er kleidet es in einen Raum der Diskretion und verweist es sehr an die einzelne Person. Niemand hindert mich daran, mich auf die eine oder andere Weise einzuschränken, aber ich soll mich einschränken und nicht die anderen! Und vor allem soll keine Show damit gemacht werden.«

»Wie geht das denn, diskret fasten?« – »Ganz einfach: Man nimmt ein Wasser statt dem obligatorischen Bier. Man isst einmal nur die Hälfte. Man lässt die Nachspeise aus. Keiner merkt was; in mich schaut ja keiner rein. Keiner sieht meine wahren Gründe. Und christlich gesehen, gibt es letztlich nur einen Grund zum Fasten: Verborgene Liebe zu Gott. Abspecken könnte zwar auch ein Grund für Fasten sein, warum nicht – aber das hat mit *christlichem Fasten* auch rein gar nichts zu tun.« Frater Severin hat mir auf einem Extrazettel noch ein paar Vorschläge vom heiligen Bernhard persönlich mitgebracht: »Es fasten das Auge, indem es sich der neugierigen Blicke enthält; es faste das Ohr, indem es nicht auf Geschwätz und Gerede hört; es faste die Zunge, indem sie sich von Verleumdung, Murren und unnützen Worten zurückhält und das Schweigen schätzt; es faste die Hand, indem sie unnütze Dinge sein lässt. Am meisten aber enthalte sich die Seele selbst aller Fehler.«

Scheint mir praktikabel, könnte man mal ausprobieren. »Noch einmal: Wozu soll das gut sein?«, möchte ich wissen. »Nicht doch auch wegen eines Trainings in Selbstdisziplin?« – »Vielleicht, aber das ist eher ein Seitenaspekt«, meint Frater Severin, »wichtiger ist wie gesagt die Liebe. Besonders die Liebe zu Gott braucht solche Zeichen des Verzichts. Die Liebe sucht das Opfer, hat man früher gesagt. Es ist natürlich für die Liebe, so zu handeln.« Plötzlich kommt mir mein origineller Schwiegervater in den Sinn. Vor der Ehe hatte der trickreiche Alte meine Frau und mich (je für sich) zur Seite genommen und uns beiden die gleiche Botschaft mit auf den Weg gegeben: »Das Geheimnis einer

Plätzchenbacken im Kloster

guten Ehe ist: Gib dem anderen immer das größere Stück vom Apfel.«
Seitdem schieben wir die Äpfel hin und her.

»Merkwürdig«, meint Frater Severin, »manche Theologen nehmen das Wort Opfer nicht gerne in den Mund. Ich verstehe das nicht. Wenn sich ein Jugendlicher einen Roller kaufen will, geht er ein halbes Jahr nicht zu Mc Donald's. Wenn er Marathon laufen will, haut er sich sündhaft teure Vitaminpräparate rein, rennt tagelang mutterseelenallein durch den Wald und vernachlässigt ein halbes Jahr seine Freundin. Ja, es gibt Extremsportler, die ruinieren sich systematisch, um im Guinnessbuch der Rekorde aufzutauchen, wenn sie nicht vorher den Herzkasperl kriegen oder vom Berg fallen. Und wir halten das Wort ›Opfer‹ für etwas Überholtes! Das ist doch voll daneben! Gott hat seinen eigenen Sohn für uns geopfert – und wir betrachten uns die Geschichte aus dem Sessel!? Jesus hatte Todesangst am Ölberg, aber die Jünger wollten nicht einmal eine Stunde mit ihm wachen. Das ist doch schief!«

So nebenbei erfahre ich, dass Frater Severin wahrscheinlich der Mann ist, der am frühesten im ganzen Kloster aufsteht, nämlich um 4.00 Uhr. »Ich will Zeit haben, ganz da zu sein. Ja, und dann lese ich im Evangelium!« Das sagt er nicht, um Show zu machen. Am Ende unseres Gespräches habe ich eine Menge über Fasten und Opfer gelernt. Ich stimme diesem sympathischen Mann gerne zu, wenn er sagt: »Gott freut sich auch über kräftige Arbeiter in seinem Weinberg.«

Altabt Gerhard
oder: Wie man über die
ganz lange Distanz geht

Mir fällt auf, wie oft die jungen Mönche auf die ganz alten Mitbrüder hinweisen. Es ist, als ob es eine besondere Brücke – eine Brücke aus Ehrfurcht und Bewunderung – zwischen den ganz Jungen und den ganz Alten gäbe. Ein Standardspruch lautet: »Da sollten Sie mal Altabt Gerhard fragen. Der kann Ihnen mehr dazu sagen.« Und nun sitzt er vor mir, 80 Jahre alt, seit 61 Jahren Mönch, lange Jahre Pfarrer in einer der Stiftsgemeinden, 17 Jahre lang Novizenmeister, Kantor, Prior (das ist sozusagen der zweite Mann im Kloster), schließlich 15 Jahre lang Abt, nämlich von 1983 bis 1999. Noch immer findet kein Chorgebet statt, an dem Altabt Gerhard nicht teilnimmt, vorbildlich in Haltung und Frömmigkeit. Vor mir sitzt mehr als ein alter Mann mit lebensklugen Augen, ein lebendiges Stück Geschichte von Heiligenkreuz. Altabt Gerhard benutzt einen Stock, denn hin und wieder hat er mit Schwindelanfällen zu kämpfen. Geistig ist er hellwach – in einer freundlichen Präsenz, die den anderen achtet und ins Gespräch einlädt. Ich kann mir vorstellen, dass man gut bei ihm beichten kann.

Ich spreche Pater Gerhard auf diese starke Verbindung zu den jungen Mönchen an. »Ja, das ist nichts Besonderes«, spielt er die Dinge herunter, »das finden Sie schon in der Benediktsregel: Die Jüngeren sollen die Älteren ehren, die Älteren die Jüngeren lieben … und oft offenbart der Herr einem Jüngeren, was das Bessere ist.« Auch um sein Alter will er kein Aufsehen machen: »Pater Alberich ist älter. Und, schauen Sie, vor zwei Jahren hatten wir noch einen, der war fast 100, und der nächste war 96. Die waren alt, aber ich …« Altabt Gerhard hat kein

Altabt Gerhard im Gespräch

Showtalent. Er macht nichts aus sich; vermutlich ist ihm jede Art von Selbstinszenierung ein Greuel. Die Mitbrüder würden sagen: Er ist demütig. Selbst das würde er niemals von sich sagen.

Obwohl ihn das Amt an seine Grenzen brachte, er diese Verantwortung im Grunde nie wollte. Ganz zu Anfang unseres Gesprächs hatte ich ihm die Frage gestellt, was ihn denn in 61 Jahren Klosterleben *am schwersten* gefallen sei. Die Antwort kam wie aus der Pistole geschossen: »Das Regieren! Wissen Sie, ich bin keine Führerpersönlichkeit. Gar nicht. Es hat mich am Anfang sogar in richtige Depressionen gestürzt…« – »Warum?« – »Nun, der Konvent ging damals in ganz schweren Wassern. Es gab Spannungen im Konvent. Die Hochschule musste gebaut werden. Und ich war nicht der Mann …« Einen Augenblick dachte der Altabt nach, um dann zu ergänzen: »Nun, das verging. Wenn man gewählt ist, dann ist das ja Gottes Wille.« Später erfahre ich, dass Altabt Gerhard unsäglich unter den Anforderungen des Amtes gelitten hat, dass er obendrein immer das Bild eines »Heiligen« vor Augen hatte, seinen Vorvorgänger, Karl Braunstorfer, ein Mann, der in keiner Weise zu kopieren, gar in seiner Art zu übertreffen war.

Dass Heiligenkreuz heute einen Choral singt, der wegen seiner Schönheit und Kraft weithin gerühmt wird, ist letztlich Altabt Gerhard zu verdanken; auch das erfahre ich von anderen Mitbrüdern. Kein Wunder, wenn Altabt Gerhard dann auf die Frage antwortet, was denn *das Schönste* in 61 Jahren Klosterleben gewesen sei: »Der Choralgesang. Eindeutig. Wissen Sie, ich komme aus einer Musikerfamilie …« Der sonst so nüchterne alte Mann bekommt glänzende Augen, wenn er sich an sein Noviziat im Jahr 1947 erinnert: »Da kam häufiger der Domkapellmeister von Wien herüber und übte mit uns jungen Adepten bestimmte Hymnen und Antiphonen ein, etwa das *Tota pulchra es, Maria*, das einmal im Jahr, am 15. August, am Fest Mariä Himmelfahrt, gesungen wird. Diese Antiphon ist gar nicht leicht. Aber der Domkapellmeister übte sie auf eine Weise mit uns ein, dass ich mich seit 61 Jahren immer wieder darauf freue, wenn sie kommt.«

Ich möchte noch mehr über seine ersten Jahre im Kloster wissen. Doch Altabt Gerhard ist nicht für verklärende Darstellungen der guten alten Zeit zu haben. Er versteckt seine eigene Geschichte hinter der Erinnerung an einen anderen Mann, an dem sich der junge Mönch aufrichtete und der zeitlebens ein Vorbild für ihn blieb: Abt Karl, sein Vorvorgänger im Amt. »Wissen Sie, er war gesundheitlich kein Riese. Er war auch kein toller Prediger. Aber er war wie ein Fels, an dem sich alle aufrichteten. Sehen Sie, im Kloster kommt es nicht darauf an, dass einer mal etwas Geniales tut, ein großer Gelehrter ist oder ein strahlender Held. Hier zählt der Alltag, die täglich, ja stündlich durchgetragene Treue. Die Verlässlichkeit …« Ich möchte mehr wissen über Abt Karl, vermute, dass es ein Mensch von großer innerer Kraft war. »Er war ein Choleriker«, erläutert der Altabt, »aber das haben wir alle über Jahre hinweg nicht gemerkt. Einmal hat mich ein Mitbruder angestoßen, als Abt Karl gerade den Raum verlassen hatte: ›Schau mal, wie er die Tür auf und zu macht! Der ist ein Choleriker!‹ Da hatte ich den Schlüssel zu seiner Person. Er war gebändigte, im Alltag ruhig fließende Kraft. Nur einmal ist er explodiert. Es war eine ganz schwere Situation im Konvent. Wir wussten nicht ein noch aus. Und dann kam es – Pater Karl ging in die Luft. Wir waren wie vom Donner gerührt. In diesem Moment platzte der Knoten. Wir wussten wieder, wo es langging … Und wenn so einer dann stirbt …« Altabt Gerhard vollendet den Satz nicht.

Wir sind beim Thema Tod. Ich wage die Frage: »Und Sie, denken Sie an Ihren eigenen Tod?« – »Ja, damit befasst man sich wohl in meinem Alter.« – »Haben Sie Angst vor dem Tod? – »Eher nicht. Aber wer weiß, wie ich mich anstelle, wenn es wirklich so weit ist.« Es ist wieder diese Nüchternheit, dieser Realismus, der Altabt Gerhard so überzeugend macht. »Mit dem Tod wird ja auch manches beendet, was nicht so schön ist. Alt zu sein ist nicht so einfach. Damit fertig werden zu müssen, dass einem der Körper nicht mehr klaglos gehorcht! Gerne würde ich noch mit den Mitbrüdern zelebrieren, aber meine Schwindelanfälle machen mich zu einem unberechenbaren Faktor.« Doch diese negativen Überlegungen huschen vorbei wie ein kurzer Schatten. »Nein, ich freue mich, an all dem blühenden Leben hier in der Kommunität, an diesen eifrigen jungen Leuten. Vor ein paar Jahren habe ich sie noch unterrichtet in Ordens- und Hausgeschichte. Aber jetzt habe ich eine andere Aufgabe.« – »Und die wäre?« – »Ich bete. Bei den Jesuiten gibt es Verzeichnisse der Mitbrüder, in denen jeweils steht, was der Einzelne tut. Bei den ganz Alten, die zu sonst nichts mehr zu gebrauchen sind, findet sich der Satz: ›Er betet für die Kongregation.‹ Für mich ist das keine Floskel.« – »Sie glauben, dass Sie damit etwas bewirken können?« – »Das glaube ich ganz fest.«

Subprior Pater Simeon oder: Wie man im Kloster behutsam mit Dynamit umgeht

Ein Kloster ist keine eine Organisation, die sich nach Stärke aufstellt – die Brechmänner nach vorne und die Feingeister in die zweite Reihe. Ein Kloster ist etwas sehr Komplexes. Es ist erstens ein Unternehmen, das wirtschaftlichen Sachverstand erfordert, zweitens eine komplizierte Lebensgemeinschaft aus höchst individuellen Persönlichkeiten, drittens eine Einrichtung, die aus einer großen Tradition herkommt und im Geist der Väter klug durch ein Stück Zeit geleitet werden möchte, und viertens und schließlich und vor allem ein spirituelles, also von oben gewirktes Projekt, das sich permanent unter den richtenden Augen Gottes vollzieht. In normalen Unternehmen sind die Heiligen, die Demütigen, die Frommen meistens in der Poststelle oder bei der Putzkolonne zu finden. Im Kloster kann es sein, dass sie ganz nach vorne gespült werden. Und wenn sie vordem nicht so heilig (oder demütig) waren, haben sie vorne ausgezeichnete Chancen, dahin zu mutieren, denn die Spannungen, die der Abt oder sein Prior aushalten muss, sind extrem. In der Regula Benedicti heißt es: »Entscheidend für die Wahl und Einsetzung [des Abtes] seien Bewährung im Leben und Weisheit in der Lehre, mag einer in der Rangordnung der Gemeinschaft auch der Letzte sein.«

Pater Simeon (43) ist Subprior in Heiligenkreuz. Hinter dem vornehm-klugen, väterlich-souveränen Abt und dem demütigen, pure Güte ausstrahlenden Prior ist er der dritte Mann im Konvent. Innerhalb von zwei Minuten erkennt der aufmerksame Beobachter: Dieser Mann mit der Physis eines Boxers und den blitzgescheiten Augen hinter der schwarzen Hornbrille ist ein Kraftwerk, pures Testosteron, ein vulkanisches Temperament. Wer ihn nicht näher kennt, mag sich sagen: Mit diesem Alphatier möchtest du keinen Krach haben. Der Nahkontakt verwischt den Eindruck gebändigter Kraft nicht, lässt ihn aber durch eine herrliche Portion rheinischen Humors temperiert erscheinen. Pater Simeon kann bis über beide Ohren feixen und lachen, dass die Wände wackeln. Da leuchtet ganz viel Herz auf! Man ist beruhigt, als würde einem der Besitzer eines großen Hundes zuraunen: »Keine Angst, der tut nichts, der will nur spielen!«

Und ob dieser kompakt daherkommende Mann nun lacht oder singt oder sitzend im Gespräch gestikuliert – immer ist der ganze Körper beteiligt, ein rhythmisch bewegter, aus dem Leib heraus operierender Mensch. Kein Wunder, Frater Simeon ist Musiker. Nicht etwa ein Kopfmusiker, nein, ein *Sänger* – ein Körpermusiker also. Obwohl alles, was er tut, zunächst einmal quasi aus dem Bauch herauskommt, manchmal eruptiv von dort nach oben steigt, ist er ein Intellektueller und wahrscheinlich einer der gescheitesten Köpfe im Haus. Er kennt sich in moderner Musik aus, kann über die späten Streichquartette von Schostakowitsch reden oder über das Ende der Musik bei Adorno oder über das Mystische bei Messiaen. Er ist Heinrich-Heine-Kenner, der mit Genuss »Stellen« zitiert, und er hat philosophischen Horizont. Aber vor allem ist er mit ganzem Herzen Mönch – sich und andere zu gutem Eifer antreibend.

Erst vor acht Jahren bekam Pater Simeon, der aus Unkel am Rhein stammt, den Dreh ins Kloster. Davor war er Kirchenmusiker und davor wiederum ein wackerer Vertreter des kölnischen Katholizismus, wie er selbst zugibt. Das muss man Nichtrheinländern erklären. Kölschkatholische sind Menschen, die systematisch alle Sünden, vor denen die Kirche warnt, auf ihr Haupt laden, sich dabei aber gut katholisch fühlen und nichts auf den Papst kommen lassen. Die Arbeit als Kirchenmusiker, vor allem als Chorregent, machte ihm total Freude. Er war voll in seinem Element, wenn er eine Messe von Palestrina dirigierte oder eine Mozartmesse aufführte.

Pater Simeon: Adorno an der Tuba

Karl Wester, wie er vor seinem Eintritt hieß, hatte nur seine liebe Not mit dem, was sich in den siebziger Jahren da und dort unter dem Etikett »Liturgie« tat: »Für mich ist das etwas Heiliges. Sie verstehen, was ich meine?« – »Es ist nicht so Ihr Ding, wenn Kleriker wie Entertainer durch den Altarraum steppen und sich der Raum vor dem Ewigen Licht in eine ereignisoffene Eventbühne verwandelt?« – »Kann man so sagen. Dieser Pille Palle ging mir immer schon auf den Keks! Muss ich nicht haben!« Die Sehnsucht nach schöner Liturgie und Gotteshingabe mit Leib und Seele trieb Pater Simeon in Klöster und auf einigen Umwegen in sein Kloster nach Heiligenkreuz. Man könnte sagen, es war ein erotisches Motiv.

Das geschah im Jahr 2000. 2003 wurde er Kantor. 2008 weihte man ihn zum Priester. Bald darauf erhielt er die Verantwortung für die Studenten. Schon 2007, also vor der Priesterweihe, hatte man ihm das Amt des Subpriors auf die Schultern gewuchtet. Wäre Karl Wester noch immer der Karl Wester seiner früheren Jahre, hätte er dem Konvent vermutlich wenig mehr gebracht als die Einführung vernünftigen Karnevals und eine gehörige Portion Unruhe. Aber sein leidenschaftliches, glühendes Herz ist in Dienst genommen und auf das Übernatürliche hin aufgerissen worden.

Musiker sind fühlende Tiere, sind mit dem Instinkt noch schneller als mit dem Kopf. Simeon fühlt alles, was im Konvent geschieht – das Heilige und das Ungeheuerliche. »Wissen Sie«, sagt er in einem Moment, in dem Konfession durchbricht, »ich liebe das Herz Jesu«. Das ist Chiffre für die Liebe, die sich das Herz hat aufstechen lassen. Darum ist Simeon nun nicht mehr der good guy, mit dem jeder ein Bier trinken möchte; seine nach wie vor authentische, jedoch gewandelte ›Herzlichkeit‹ spielt in Leidenserfahrungen herüber; sie ist tief und rot geworden. Auf sein Primizmessgewand [*Primiz, von lat. prima missa = erste heilige Messe nach der Weihe*] hat er sich die Dornenkrone Christi sticken lassen; die Blutstropfen des Herrn bedecken die weiße Fläche. Als ich das Modell des Gewandes bei Frater Raphael, dem Künstler, sah, wusste ich intuitiv: »Das haben Sie für den Simeon gemacht!« Raphael machte große Augen.

Stift Heiligenkreuz, die Verantwortung für die jungen Leute, die Mitverantwortung für den Konvent, für die Zukunft – das geht Frater Simeon mitten durch sein Herz, wie es – davon ist Simeon tief überzeugt – durch das Herz Christi geht. »Was sich hier abspielt, das spielt sich im Herzen Christi ab. Wie wir lieben und wie wir ihn verraten.« Ich spüre, dass ihm die Sorge um seine Mitbrüder sehr nahegeht. »Glauben Sie nur ja nicht, das sei einfach, eine solch wilde Truppe mit zusammenzuhalten. Studenten, Intellektuelle, Pfarrer irgendwo draußen in freier Wildbahn, Heilige, Scheinheilige, Überflieger und arme Hunde …

Manchmal denke ich, mich reißt's grad auseinander! Wo die Gnade so fühlbar unterwegs ist wie in diesem Haus – denken Sie mal, wir hatten sieben Priesterweihen im letzten Jahr! –, ist auch ein Geschwader von Dämonen unterwegs. Es gibt ungeheuerliche Anfechtungen. Schwere Leiden. Sachen, die nur noch durchgetragen werden können …« Einen Moment ist Schweigen. Warum, überlege ich, hat er sich diesen Namen gegeben – Simeon von Cyrene? Aber nein, der Mann aus Cyrene heißt ja nicht Simeon, sondern Simon; Simeon war der alte Prophet, der über dem Jesuskind die Worte sprach: »Meine Augen haben dein Heil gesehen«. Simon, denke ich, hätte auch gepasst – der Mann, der dem Herrn das Kreuz trägt.

»Eigentlich«, sage ich, »wollten wir uns über das Stundengebet und den gregorianischen Choral unterhalten.« – »Wir sind mitten dabei!«, sagt Pater Simeon. Er nimmt meinen verwunderten Blick auf. »Es kommt nämlich entscheidend auf das Herz an. Wer wirklich Mönch ist, dem geht die Rezitation der Psalmen durch Mark und Bein. Frater Placidus hat einmal gesagt: ›Die Psalmen sind mir näher als alles, was ich über mich aussagen könnte.‹ Wunderbar! Ja, darin ist alles ausgesprochen und verwandelt: Freude, Lust, Trauer, Glück, Hoffnung, Verzweiflung, Wut, ja sogar Rachegelüste. Nehmen wir ein Beispiel: ›Mein Gott, mein Gott, warum hast du mich verlassen?‹ – Das ist mein Schrei im Schrei von Psalm 22, im Schrei des verlassenen Jesus am Kreuz. Darin sind Himmel und Erde, mein Leben und Gottes Leben, menschliche Hoffnung und Jesu Schicksal verbunden. Gottes Wort geht mitten durch mich hindurch. Wir singen ja nichts Eigenes; wir führen keine tollen neuen Kompositionen auf. Wir leihen dem Wort Gottes unsere Körper, unsere Lungen und unser Herz. Dieses Wort fällt mir von oben zu. Ich atme es gewissermaßen ein, indem ich es höre, ich rhythmisiere es, bewege es wie Maria in meinem Herzen, damit es seine Kraft entfalten kann. – Bernhard sagt sogar: Das Wort muss man wiederkäuen, damit die Süße herauskommt – und dann sende ich es als Lied wieder in Richtung Himmel. Sie müssen sich das wie ein ›U‹ vorstellen. Es be-

KANTOR PATER SIMEON (2.V.L.) MIT MÖNCHEN DER CHORALSCHOLA

ginnt im Himmel. Unten ist der Mensch (oder sein Stellvertreter: der Mönch), der sich sein Herz öffnen und verwandeln lässt. Und der singt, dass man es oben im Himmel voll Freude hört.«

»Was bedeutet Singen für Sie?« – »Alles. Ich muss singen. Ohne Singen für Gott könnte ich nicht leben. Schauen Sie! …« Pater Simeon, der mir gegenübersitzt, walkt und tanzt gewissermaßen auf dem Stuhl herum, fasst mit beiden Händen seine Körpermitte »… das muss durch den Leib gehen, ganz tief runter! Durch die viscera, die Eingeweide! Das muss schaffen in mir! Wenn ich mit den Fratres übe und sie säuseln neurasthenisch, kann ich richtig laut werden: ›Wir sind Männer, okay?!‹« – »Und wenn dann einer im Chor neben Ihnen brummt, ich meine: immer wieder? Oder wenn einer permanent einen Viertelton zu tief einsetzt?« – »Schrecklich. Ich muss es aber annehmen. Eine gewaltige spirituelle Aufgabe. Wissen Sie, das sind ja Mikrotraumen. Nadelstiche. Wenn ich das nicht in Liebe annehme, dann kann das zur Lebenstortur werden. Denn wir sind hier am entscheidenden Punkt. Das Gewaltigste am gregorianischen Choral ist nämlich seine *Einstimmigkeit*. Wenn ich früher einen Chor dirigierte, habe ich ein Geflecht von Individualstimmen zu einem Ganzen verbunden. Jetzt geht es nur noch darum, dass die Vielstimmigkeit dieser Welt, die nur ein Symbol dafür ist, dass jeder *sein Ding* durchziehen will, verstummt. Der ganze Konvent soll sich vereinigen und soll mit einer Stimme, als ein einziger Leib, das Lob Gottes singen. Keine Stimme soll hervorstechen. Pavarotti hätte lange üben müssen, bevor er den demütigen Ton gefunden hätte. Und wenn das dann stimmt, dass man nicht mehr den oder jenen heraushört, sondern ein heiliger Korpus aus vielen tönt, dann ist es wunderbar. Dann höre auch ich die Engel singen. Das hat dann eine ungeheure Kraft; es macht die Faszination am gregorianischen Choral aus. Und das mag (in der Tiefe gesehen) auch der Erfolg von ›Chant‹ sein.«

»Ich stelle mir das mal gruppendynamisch vor, wenn Sie da wie ›ein Leib‹ singen. Spüren Sie, wie die anderen drauf sind?« – »O ja, das spürt man sehr stark. Vielmehr: Ich höre es, alle hören es, ob jemand Kummer hat, ob er mit dem Herzen ganz woanders ist oder ob er tiefe Freude in sich hat oder geistlich gerade in der Form seines Lebens ist. ›Einer trage des anderen Last‹ (Gal 6,2), hat Paulus empfohlen.« Pater Simeon macht eine kleine Pause, setzt neu an: »Wissen Sie, was der Herzenswunsch Jesu war?« Er nimmt mir die Antwort vorweg. »Ut omnes unum sint … Dass alle eins sind. Das Chorgebet im Einklang ist das große Symbol dafür. Wir schulden Gott das Opfer der Einheit.«

Ich beginne zu verstehen, denke mir: Es liegt ein gewaltiger Druck auf so einer Gemeinschaft. Letztlich übernimmt man das Lebensrisiko seines Nächsten. Mein Mitbruder kann meine Sehnsucht zerstören, weil er beispielsweise nicht mit der gleichen Leidenschaft am Chorgebet teilnimmt wie ich. Aber ist es nicht auch in der Ehe so? Sie ist ein gemeinsames Projekt. Was aber, wenn einer ausbüxt? Die Gefahr ist hier wie dort die gleiche: Böse Gefühle bis hin zum Hass. Auch die Lösungsstrategien gleichen sich: Aufrichtigkeit, Liebe, Gebet, bewusstes Leiden.

Frater Raphael
oder: Wie man Kunst
zum Gebet macht

Er hatte mir schon zugelächelt beim Auszug aus dem Chor. Frater Raphael, der Künstlermönch, in der bunten Skala der Berufungen zum Mönchtum ganz gewiss eine der buntesten, freute sich offenkundig auf meinen lange angekündigten Besuch in seinem Atelier. Dass er 50 Jahre alt ist, sieht man dem schlanken, sportlichen Mann mit dem scharf geschnittenen Gesicht und der blonden Tolle nicht an. Seine jugendliche Erscheinung passt eher zu seinen Klosterjahren, denn nach ihnen gerechnet, ist er noch ein Kind. Gerade einmal 4½ Jahre gehört er der Klostergemeinschaft an. Es ist, als würde immer noch die erste Liebe, von der die Bibel spricht, in ihm glühen.

Jetzt, nachdem ich ihn kennengelernt habe, weiß ich, dass es nicht die möglicherweise rasch verfliegende Begeisterung des Anfangs ist, sondern eine in langen Jahren und in Stille gewonnene innere Qualität, die aus den sanften, nach innen gekehrten Augen spricht. Schon auf dem Weg zum Atelier, irgendwo im weitläufigen Klosterkomplex, berichtet mir Frater Raphael mit leichtem Berliner Zungenschlag von seiner Freude, diese Berufung gefunden zu haben, diesen Ort, diesen großzügigen, ihn in jeder Weise fördernden, kunstsinnigen Abt, diese Herausforderung durch immer neue Projekte. Er ist – ich spüre es – sehr gespannt, ob ich mit seiner Kunst etwas anfangen kann.

Und ich kann. Das Atelier ist großzügig geschnitten; es ist Ausstellungsraum und Kunstwerkstatt in einem. Gleich fallen mir einige an Giacometti erinnernde Skulpturen ins Auge, dann freue ich mich an ganz reduzierten, zauberhaften bronzenen Vögeln, sie haben – pling! –

obendrein einen wunderbaren Klang, schlägt man sie mit einem Eisenstöckchen an. Ich sehe eine an Rodin erinnernde frühe Arbeit: der Kopf seiner Mutter, ein Glasfenster, das Frater Raphael zu dem Christusantlitz des bekannten Grabtuches von Turin neu geschaffen hat. Alles scheint im Wesen gesehen und in der Tiefe meditiert. Der Mann hat eine originäre Kunstsprache. Das ist kein Kunsthandwerk. Das ist richtig gute Kunst. Ich sage es dem Künstler. Mein Lob freut ihn aufrichtig.

»Wo haben Sie das denn gelernt?« Er schmunzelt: »In Berlin … besser gesagt in Ost-Berlin. Ich habe Kunst in der Kunsthochschule in Weißensee studiert.« DDR, überlege ich – und versuche mir vorzustellen, welche Sorte Kunst da in den achtziger Jahren wohl vermittelt wurde. »Die Geschichte müssen Sie mir erzählen! Wie kommt einer aus Erich Honeckers Kunstkadern nach Österreich ins Mönchskloster?« – »Wo soll ich beginnen, was wollen Sie wissen?« – »Alles. Fangen Sie mal in Ihrer Kindheit an!« – »Da weiß ich nicht, ob ich bei meinen richtigen Eltern anfangen soll oder bei meiner Adoptivmutter … Also, ich fange besser bei ihr an; sie ist ein wunderbarer, liebenswerter Mensch. Sie war – wie man so sagt – gut katholisch, trotz DDR, was manchmal nicht einfach war. Ich bekam also dennoch so etwas wie eine gute Kindheit geschenkt. Ich selbst würde mich in meiner Jugend als konventionell katholisch bezeichnen. Ich blieb es, verlor diese Prägung nicht einmal unter den Bedingungen einer sozialistischen Kunsthochschule, an der ich acht Jahre studierte. Im Gegenteil: Durch die Arbeit an einem Porträt von Mutter Teresa gab es sogar in meinem Studium wichtige und nachhaltige Glaubensimpulse. Gefordert war innerhalb meiner künstlerischen Ausbildung eine Reliefarbeit ›Porträt nach Foto‹; für diese künstlerische Arbeit wählte ich mir Mutter Teresa als Motiv aus. Das machte natürlich anfänglich Probleme, galt die Kirche doch als feudalistisches Überbleibsel, ihre Vertreter als finstere Reaktionäre. Doch meine beiden Hauptfachlehrer unterstützten mich in meinem künstlerischen Anliegen, und so kam es, dass ich, der ich 1989 mit dem Magister Artium abschloss, sogar, zusammen mit einem Grafiker, einen Auftrag von der Staatsbank der DDR bekam: Die Gestaltung der letzten neuen DDR-Gedenkmünze zum 275. Todestag des Architekten und Bildhauers Andreas Schlüter.« Das Teil muss Frater Raphael mir nun doch zeigen; er kramt es aus seinem Archiv hervor. Kurios – eine versunkene Welt, denke ich. Schon wieder 20 Jahre her.

»Und wie erging es Ihnen dann in der wiedervereinigten Bundesrepublik? Wahrscheinlich hatten Sie zu kämpfen, nicht wahr?« Ich dachte an verschiedene Künstlerfreunde und wie mühevoll sie sich mit dem Verkauf von Gemälden und öffentlichen Kunstaufträgen über Wasser hielten. »Ja, zu Anfang war es sehr schwer, aber es war nicht unmöglich. Ich lebte halt sehr bescheiden. Glücklicherweise wohnte ich in einer eigenen Immobilie, so dass schon einmal keine Wohn- und Ateliermieten anfielen. Und dann war da ein Erlebnis, das mich gewissermaßen zu einem Stadtmönch machte. Ich besuchte Chile und lebte dort in einem Papphaus von unvorstellbarer Einfachheit. Es war eine Art innerer Durchbruch, eine Befreiung. ›Sieh mal an‹, sagte ich mir, ›mit wie wenig man leben kann!‹ Wieder in Berlin, machte ich eine Art Sport daraus, mich in vieler Hinsicht sehr stark zu reduzieren. Ich trennte mich von allem, was mir als Ballast erschien, verschenkte beispielsweise die Hälfte meiner Bücher. Die Jugendlichen der Kunstschule freuten sich.«

Das imponierte mir: »Sie lebten also an der Peripherie Berlins tatsächlich nur mit dem Allernötigsten – einem Stuhl, einem Bett, einem Tisch? Muss ich mir das so vorstellen?« – »Ja, so ungefähr! Durch die Reduzierung auf nur wenig wichtige Dinge bekam ich eine größere Klarheit und Freude geschenkt. Und dann ging es immer besser mit den Aufträgen, Kunst am Bau usw. Es ergab sich, dass ich in ein großes Kunstprojekt hineinwuchs – das Otto-Lilienthal-Denkmal auf einem Hügel vor den Toren Berlins, ein modernes, begehbares Architekturobjekt mit einer Raumausdehnung von $10 \times 14 \times 10$ Metern.« – »Lebten Sie immer allein, oder gab es Beziehungen, Partnerschaften? Hatten Sie eine Freundin? Haben Sie mal an Ehe gedacht?« – »Ja, gab es. Da war eine Frau; sie hatte zwei Kinder. Wir haben probiert, ob wir zusammenpassten. Aber es stellte sich heraus, dass wir als Paar auf die Dauer keine Chance hatten. Ich war nicht wirklich für diese Lebensform berufen. Wir haben uns getrennt.«

»Wann spürten Sie denn, dass sich der Vorstadtmönch in einen Klostermönch verwandeln sollte? Das heißt, wann wurde für Sie die religiöse Frage akut?« Frater Raphael schüttelt den Kopf: »Es war anders, als Sie denken. Ich war nie ohne den Glauben, nie ohne Gebet, selbst in meinen schwierigsten Zeiten nicht. Es war nur so, dass ich über die Kunst immer tiefer in die Suche nach Gott geführt wurde. Ich will das, was ich als Künstler mache, einmal vergleichen mit dem Wort Gottes,

Frater Raphael: Künstler und Mönch

das einen Menschen trifft. Es fällt von oben in den Menschen hinein; es arbeitet in ihm, verwandelt ihn und kehrt durch den Mund des Menschen, der Gott lobt, wieder zu Gott zurück. Und nun müssen Sie sich vorstellen, wie ich als Künstler arbeite. Ich kämpfe mit dem Material. Aber solange ich es ohne Inspiration mache, entstehen nur tote Dinge. Es hat kein Leben. Es vibriert nicht. Aber dann, in den stillsten Momenten, in denen *ich nichts mehr will,* geschieht es. Ich halte manchmal mein bisschen Talent Gott nur hin. Und dann schießt etwas Großes, nicht Machbares von oben ein. Es geht wie von allein. In solch einem Moment arbeite ich selbstvergessen. Es gelingt. Ich staune selbst, kann es nicht fassen, bin reich beschenkt. Das kommt ja nicht aus mir alleine. Ich bin nur das Instrument.« So ist es: Die Kunst ist größer als der Künstler. Das Gebet größer als der Beter. »Sehen Sie«, sagt Frater Raphael, »da sind wir doch am Punkt, oder? Ist Kunst nicht auch ein Weg zu Gott?« Ich kann nur zustimmen.

Und dann erzählt Frater Raphael von dem Erlebnis, das ihn näher zu Gott brachte. »Unter dem Eindruck der schrecklichen Kriegsereignisse in Ex-Jugoslawien – denken Sie an die Massaker und die Vergewaltigungen – hatte ich ein Kunstwerk geschaffen, in dem ich meine ganze Trauer und Ratlosigkeit über das Leid dieser Menschen in Bronze goss. Diese Arbeit sah der Prämonstratenser-Abt von Duisburg-Hamborn und lud mich ein, sie in seinem Kloster auszustellen. Ich tat das und lebte eine Woche mit den Prämonstratensern, nahm auch täglich am Chorgebet teil. Da passierte es: Während die Psalmen gebetet wurden, ist in mir eine starke Sehnsucht und die Liebe zu Gott und zum immerwährenden Chorgebet entfacht worden.« Durch diesen Berufungsimpuls kam Wilfried Statt – so hieß Frater Raphael in der Welt, die er hinter sich ließ – auf den verwegenen Gedanken, mit Mitte 40 noch einmal verschiedene benediktinische Mönchsklöster anzuschauen. Vielleicht hatte man ja irgendwo doch Platz »für einen kreativen Menschen. Ich war vollkommen offen für das, was Gott mit mir vorhatte. An die Verbindung von Künstlertum und Kloster dachte ich gar nicht. Ich wollte nur

Mönch werden.« An Stift Heiligenkreuz geriet er schließlich durch eine »Nicht-Empfehlung«, wie er im Rückblick schmunzelnd feststellt. In einem anderen Kloster hatte man ihm gesagt: »Heiligenkreuz kommt weniger in Frage, die dort sind viel zu streng! ... Na, dachte ich, da fährste grad hin!« – »Und wie geht es Ihnen heute, nach den ersten viereinhalb Jahren?« – »Gut. Es ist ein sehr lebendiger Austausch mit meinen Mitbrüdern. Ich kann mich entfalten und kann wirklich Gott suchen – als Beter und als Künstler.«

Doch ich bin noch nicht fertig mit diesem eigenwilligen Mann. Ich will noch genauer wissen, wie das zusammengeht – der kreative Schaffensrausch und die klösterliche Ordnung, die Freiheit des Künstlers und seine Rückbindung in den Gehorsam: »Ich stell mir mal vor, Sie sind mittendrin. Sie vergessen alles um sich herum. Ihre Feder fliegt über das Blatt. Und dann läutet die Glocke, Zeit für die Terz. Was machen Sie dann?« – »Dann lasse ich sofort den Griffel fallen – na, ein paar Minuten hat man noch.« – »Immer?« – »Immer. Ich will Ihnen auch sagen, warum. Gott hat Priorität. Bei Benedikt heißt es: Dem Gottesdienst soll nichts vorgezogen werden. Von etwas anderem würde ich mich kaum stören lassen. Aber von Gott muss ich mich unterbrechen lassen. Benedikt sagt auch: ›Daher verlassen die Mönche sofort, was ihnen gerade wichtig ist, und geben den Eigenwillen auf. Sogleich legen sie unvollendet aus der Hand, womit sie eben beschäftigt waren.‹ Die Liebe zu Christus soll uns über alles gehen. Ich bin sicher, der Herr schenkt mir nach der Mittagshore einen neuen Anfang – oder ich kann da weitermachen, wo ich unterbrochen wurde.«

»Das ist das Kapitel Demut, nicht wahr, auf das Benedikt so großen Wert legt?« – »Ja, es geht um Gehorsam und um Demut. Das ist konstitutiv für einen Mönch«, erläutert Frater Raphael noch einmal sein künstlerisches und religiöses Credo. »Ohne Demut, ohne die Haltung also, die Gott wichtiger nimmt als mich selbst, gelingt hier nichts. Der Stolz zerstört alles, in der Kunst wie in der Religion.« – »Werden wir doch einmal konkret: Ein anderer Abt, eine andere Zeit, verständnislose Mitbrüder, Sie allein und isoliert im Haus. Niemand versteht Ihre Kunst – und dann kommt der Chef und verlangt von Ihnen etwas völlig Unmögliches, sagen wir …« – »… die heilige Philomena, aber in Barock bitte! Meinen Sie das?« – »Genau!«

Diese Frage trifft den Künstlermönch; er ist dennoch nicht unvorbereitet auf sie: »O ja – das kann passieren. Es wäre für mich undenkbar; es ginge mir an die Seele. Aber natürlich, es kann passieren. Dass ich an diesem Ort die dunkle Nacht erleben werde …« Das Gespräch stockt, ich sehe, wie es in der Seele des Mannes, der mir gegenübersitzt, arbeitet. »Was ich konkret tun würde, kann ich nicht sagen, aber ich bin auf das Kreuz vorbereitet … Kommen Sie, schauen Sie meine Pieta an. Sie ist übrigens das Werk, das der Abt von Duisburg-Hamborn unbedingt in seiner Abtei ausstellen wollte, das Werk, das mich ins Kloster brachte.«

Er führt mich an das Bild einer Großplastik, die das alte Motiv des toten Sohnes auf dem Schoß seiner Mutter Maria aufgreift. Ich schaue hin, und es geht mir nahe. So radikal, wie Frater Raphael es dargestellt hat, habe ich es noch nie gesehen. In seiner Pieta ist nichts von liebreicher Beweinung. Die Mutter lässt alles los; ihre Hände, mit der sie ihn festhalten könnte, sind weg. Der Sohn ist ein totenstarres, zweibeiniges Wesen, das querliegt, ihr vom Schoß rutscht. Die Skulptur könnte mit gleichem Recht auch Kreuz heißen, dann wäre Christus der Querbalken, die Mutter der Längsbalken.

»Ich war schon einmal in der … dunklen Nacht«, sagt Frater Raphael plötzlich. Warum rührt er an diese Metapher von Johannes vom Kreuz, dieses Wort, das so viel wie radikale Gottverlassenheit meint? Ich spüre, dass es ihm schwerfällt, davon zu erzählen, bitte ihn, sich nicht zu schämen. Nach einer Weile frage ich: »Wann waren Sie in der … dunklen Nacht? Können Sie das sagen, oder ist es zu intim?« – »Die ersten vier Jahre meines Lebens, bevor ich zu meiner Adoptivmutter kam, da war ich in der dunklen Nacht, ja.« Ich hätte den Mann in diesem Moment am liebsten umarmt, aber ich versage es mir.

Frater Edmund
oder: Wie man systematisch die Schule schwänzt und sich trotzdem bildet

Den Mann, für den Ludwig van Beethoven die Klaviersonate Nr. 21 schrieb, hat Frater Edmund aus begreiflichen Gründen nicht mehr kennengelernt. Jener Graf Waldstein, nach dem die Sonate benannt ist, war gewissermaßen ein Onkel des 25-jährigen Ordensmannes, der um seinen wohlklingenden Namen freilich wenig Aufhebens macht. »Haben Sie wenigstens Klavier gelernt?«, frage ich sofort. »Nein, damit kann ich nicht dienen!«, antwortet mir der großgewachsene, wie ein sanfter Fels in sich ruhende Mann. »Schande über Ihr Haupt!«, empöre ich mich zum Spaß über so viel Traditionsvergessenheit.

Und noch etwas irritiert mich: »Mir fällt auf, dass Ihr Österreichisch eine bestimmte Beimischung hat. Sind Sie vielleicht so etwas wie ein Austroamerikaner?« Bingo, ins Schwarze getroffen! »Merkt man, dass Deutsch nicht meine Muttersprache ist?«, gibt Frater Edmund mit diesem, den Amerikaner verratenden kehligen Unterton in der Stimme zu. »Eigentlich weiß ich gar nicht, wo meine Heimat ist. Geboren bin ich in Rom. Meine Mutter ist aus Arizona, mein Vater Salzburger. Die erste Hälfte meiner Kindheit verbrachte ich in den Staaten. Dann lebten wir wieder in Österreich. Mein Grundstudium absolvierte ich zur Abwechslung wieder in Kalifornien. Was soll ich Ihnen sagen, was ich für einer bin? Ich halte es mit dem heiligen Paulus: ›Wir haben hier keine bleibende Stätte ... unsere Heimat ist im Himmel.‹«

Die Andeutung einer kurvenreichen Biographie zwischen den Kontinenten scheint gar nicht zu dem sanften, leicht melancholischen Mann zu passen, an dem nichts multikulturell Gebrochenes wahrzunehmen ist.

Die Nebel lichten sich bald: Der Vater ist als Laie Professor für Exegese des Neues Testaments. Während des Studiums kam er nach Amerika, verliebte sich in Kalifornien Hals über Kopf in eine junge Dame aus Arizona, heiratete sie und nahm sie und die sich gleich serienweise einstellende Nachkommenschar mit auf seinen bewegten Weg in Forschung und Lehre. Acht Kinder gingen aus der sehr glücklichen Ehe der Eltern hervor. Edmund, Nummer drei von acht, wurde in Rom geboren, weil Papa gerade am Biblicum, also der Vatikanischen Lehranstalt zur Auslegung der Heiligen Schrift, zu tun hatte.

Mit Frater Edmund habe ich mich verabredet, um mich über Studium und Bildung zu unterhalten, also im Grunde über die Frage, wie man klug wird. »Mit dem Jungen müssen Sie sprechen«, hatte mir ein junger Mitbruder die Empfehlung gegeben, »der ist belesen ohne Ende und interessiert sich sehr für geistige Dinge.« Gesagt, getan.

Wo anfangen? Wo beginnt Bildung? Natürlich im Elternhaus und in der Schule. »Wie war das eigentlich«, wollte ich wissen, »für Sie und Ihre Geschwister, wenn Sie von einem Land in das andere zogen. Man könnte auch sagen, von einem Schulsystem in ein anderes. Kann man da überhaupt kontinuierlich lernen?« Frater Edmund zuckt mit den Schultern: »Ich kann Ihnen dazu wenig sagen; ich war nicht in der Schule.« – »Sie waren nicht in der Schule?« – »Doch, ein Mal für ein Jahr, nämlich in der dritten Klasse, aber das spielte eigentlich keine Rolle. Wir Kinder wurden von unserer Mutter unterrichtet. Am Ende haben wir dann alle an einer öffentlichen Einrichtung die Matura (= das Abitur) abgelegt und fertig.«

Frater Edmund sieht mein ungläubiges Staunen. »In Amerika ist das nicht so ungewöhnlich. Ja, man kann sagen, Homeschooling ist eine richtige Bewegung. Die öffentlichen Schulen sind nicht so gut, als müsste man aus ihnen ein Dogma machen. Warum nicht Bildung selbst organisieren, wenn man sich an den Früchten messen lässt und den finalen Leistungsnachweis schließlich erbringt?« Das ist mir unvorstellbar. Jahr für Jahr nimmt das Wissen im Quadrat zu. Enzyklopädische Alleswisser mag es hier und dort noch geben, aber im Grunde leben wir im Zeitalter eines synchronen, kaum mehr verbindbaren Spezialistentums. »Noch einmal, Frater Edmund, Ihre Mutter war – lassen wir das eine Jahr einmal weg – die einzige Lehrerin in Ihrem Leben? Ist sie ein Genie?« – »Sie ist sehr intelligent, aber es gibt heute auch hervorragende Materialien – und dann haben wir Kinder alle gemeinsam gelernt. Da bilden sich auch Schwerpunkte heraus. Der eine ist da sehr gut, der andere dort. Wir haben uns viel selbst unterrichtet und viel gegenseitig geholfen. Das hat natürlich unsere Familie mächtig gestärkt. Stellen Sie sich mal vor, was da für ein intensiver geistiger Austausch stattfand!«

Irgendwie werde ich trotzdem das Bild der dominanten, die Peitsche schwingenden Mutter nicht los. »Was wäre gewesen, wenn einer von Ihnen ausgeschert wäre? Hätten Ihre Eltern das zugelassen?« – »Was heißt ›wäre gewesen‹? Es war so. Einer von uns, mein ältester Bruder, wollte das nicht; er wollte an eine normale Schule. Natürlich durfte er das. Unsere Kindheit war keineswegs ein Gefängnis. Nur wir andern wollten nicht in eine normale Schule. Zu Hause hatten wir Freiheit ohne Ende. Und übrigens auch Freizeit! In einer staatlichen Schule, entschuldigen Sie, verliert man nur Zeit. Wir hatten unsere Ziele. Wenn die erreicht waren, d. h., wenn ich zum Beispiel etwas Bestimmtes verstanden oder eine Teilfertigkeit erworben hatte, dann war für mich ›Schule‹ an diesem Tag zu Ende. Ich konnte draußen spielen, konnte mit Freunden zusammen sein, konnte lesen. Ich war allerdings immer schon mehr nach innen orientiert. Lesen hat mich am meisten interessiert. Fernsehen hatten wir auch nicht, Gott sei Dank. Weil ich so viel Zeit hatte als Kind, las ich ein großes Stück englischsprachige Literatur, Evelyn Waugh zum Beispiel. Aber auch Tolkien und P. G. Wodehouse.«

Mir steht immer im Hinterkopf, dass dieser von der Mutter gebildete junge Mann nun ein angehender Mönch ist, und ganz kann ich mich des Verdachts nicht erwehren, dass es vielleicht die frommen Eltern gewesen sind, die ihren von der Welt abgeschotteten Sprössling dem lieben Gott in die Arme legten. »Meinen Eltern verdanke ich sicherlich

Frater Edmund unterwegs zum Chorgebet

viel im Glauben. Aber sie sind weder die Quelle meiner Berufung – die Anregung verdanke ich eher dem Beispiel eines wunderbar ehrfürchtigen und liebevollen Priesters – noch haben sie mir zugeraten, ins Kloster oder Priesterseminar zu gehen. Als ich, übrigens als einziges von uns Kindern, mit dem Wunsch nach einem geistlichen Beruf ans Licht der familiären Öffentlichkeit trat, begegnete ich einer eher vorsichtigen Haltung. Natürlich wäre es meinen Eltern nie eingefallen, mich an so einer Sache zu hindern. Sie gaben mir einen sehr klugen Rat: Du, studier das doch erst einmal, ohne dich gleich einer geistlichen Gemeinschaft anzuschließen! Und wenn du nach einigen Jahren als ganz normaler Student immer noch diese Sehnsucht spürst, kannst du ja immer noch in ein Priesterseminar oder ein Kloster eintreten! Das habe ich gemacht. Und zwar in Amerika.« – »Wegen der Distanz zum Elternhaus?« – »Weniger. Nein, mein Vater gab mir einen guten Tipp. Er nannte mir eine kleine Hochschule in Südkalifornien, das Thomas-Aquinas-College, und sagte: ›Die studieren dort auf eine sehr originelle Weise. Die lesen fast nur die großen Texte, die Urtexte – und man kriegt Support beim Auslegen und Verstehen.‹ Das faszinierte mich – und ich wurde nicht enttäuscht.« Aha, gewissermaßen die zweite Stufe der Waldsteinschen Bildungsreform. Das gefällt mir. Ich selbst hatte erst spät entdeckt, wie viel Zeit man mit Sekundärliteratur verliert – und später dann einen kleinen Kampf mit den eigenen Kindern und ihren Lehrern geführt. Ein Referat zu halten hieß scheinbar mit Google operieren und Wikipedia plündern – statt den großen Text zu lesen und vom Ursprung bewegt und ergriffen zu werden.

»Was haben Sie auf diese Weise gelesen?« – »Sehr intensiv natürlich die Bibel. Dann viel Aristoteles, Augustinus, Thomas von Aquin in extenso, aber auch modernere Denker – Kant, Hegel etwa. Wir lasen auch naturwissenschaftliche Werke – etwa von Euklid, Newton, Einstein.« Der junge Mann schwelgt in Büchern und Gedanken. Neugierig wie ich bin, frage ich mich, ob sich neben dem Geist und den Gedanken auch die Liebe eingestellt und das Fleisch gemeldet hat. »In Kalifornien gibt es, wie man hört, auch jede Menge hübsche Frauen. Hat Sie das ebenfalls interessiert, oder beschränkten sich Ihre Studien auf die Bestände in der Bibliothek.« Frater Edmund versteht sofort, was ich meine. »Ich kann Sie beruhigen. Es gab auch eine romantische Liebesgeschichte. Oh, ich war sehr verliebt …« – »Und sie, hat sie viele Tränen vergossen?« – »Sie hat es verstanden, ist mittlerweile sogar verheiratet.« Ich staune. Er lächelt: »Ja, in Amerika heiratet man früh, deswegen gibt es dort auch mehr Kinder.«

Eine Weile schwebte Frater Edmund tatsächlich zwischen zwei Sehnsüchten hin und her – der Sehnsucht nach Ehe, nach Liebe und der gemeinsamen Zukunft mit einer Frau und der Sehnsucht, den Weg der Suche nach Gott zu gehen, sich ihm hinzugeben. Beide Sehnsüchte zogen und zerrten den jungen Mann hin und her. Erst eine Art geistlicher Bildungsreise zu mehreren Klöstern in Europa führte zum befreienden Erlebnis, zur Entscheidung. Diese Reise fand noch während der amerikanischen Studienzeit statt und führte ihn auch nach Stift Heiligenkreuz, wie es der Zufall oder eine Art himmlischer Regie so wollte, just an dem Tag, an dem einige junge Mitbrüder ihre Ewige Profess ablegten. Vor seinen Augen vollzog sich in der gewaltigen Kulisse der romanischen Kirche ein einzigartiges Schauspiel, das dennoch alles andere als Theater war. Als Edmund die jungen Leute sah, wie sie auf dem Boden lagen, schoss es ihm durch den Kopf: »Unglaublich, sie tun es wirklich, sie verschenken ihr Leben! Sie sind bereit, alles zu geben!« Die Zeit schien stillzustehen. Und dann knieten die Neuprofessen vor dem Altar, auf dem ihre Professurkunden lagen. Der Abt umschritt mit dem Weihrauchfass den Altar, sandte in rhythmischen Abstände kleine Rauchwolken gen Himmel. Die Sonne durchbrach die Fenster der Nordfassade. Strahlen ihres Lichts fielen auf den Altar, von dem duftende Wolken, sich mischend, unhörbar in die Höhe stiegen. Weihrauchpartikel tanzten im Goldlicht der Abendsonne.

»Ich wusste nicht, wie mir geschah«, erinnert sich Edmund im Nachhinein. »Wie in Trance stieg ich in mein Auto, lenkte den Wagen auf den Weg, der mich Kilometer um Kilometer wegführte von Heiligenkreuz. Ich war kaum in der Lage, mich richtig auf den Verkehr zu konzentrieren. Die Bilder, die ich gerade in der Klosterkirche gesehen hatten, bestürmten mich, ließen mein Herz brennen. Plötzlich wusste ich: Dorthin! Nirgendwo anders! Sofort! Am selben Abend noch schrieb ich dem Prior von Heiligenkreuz eine E-Mail: ›Ich will eintreten!‹«

»Er hat ja wohl positiv geantwortet, nicht wahr? Sie haben Ihre Zelte in Kalifornien abgebrochen und sind gleich gekommen?« – »Nein, ich habe mit Heiligenkreuz gesprochen, und man hat mir gesagt: ›Nun machen Sie erst einmal den Bachelor – und dann können Sie kommen, dann schauen wir weiter!‹« Mich versetzt das in Verwunderung. Überall ist die Rede von einem schrecklichen Mangel an Priester- und Ordensberufen. Und hier hebt einer den Finger, und man verweist ihn auf übermorgen. »Ja, so war das«, antwortet mir Edmund, »aber ich finde das klug. Wenn eine echte Berufung da ist, wird sie sich durchsetzen. Und wenn es keine echte Berufung ist, gibt eine neue Hürde die Chance, die Wahrheit über sich selbst zu entdecken.« Von Pater Pirmin und vom Abt selbst hatte ich schon gehört, dass eine Vielzahl von Bewerbern für Heiligenkreuz abgewiesen werden.

»Und dann waren Sie eines Tages da – und endlich mal an einer ganz normalen Bildungseinrichtung?« Frater Edmund hat Humor und freut sich über die kleine Spitze: »Richtig, aber so ganz normal ist diese Hochschule nun auch wieder nicht. Es ist ja eine Zisterzienser-Hochschule, und das Zisterziensische setzt ganz eigene Akzente, was Wissen und Bildung betrifft. Ich darf mal wieder mit einem Originaltext kommen, dieses Mal von unserem großen Lehrer, dem heiligen Bernhard von Clairvaux. Er hat einmal gesagt: ›*Es gibt solche, die nur wissen wollen, um zu wissen, das ist schädliche Neugierde. Andere wollen wissen, damit man von ihnen weiß, das ist schädliche Eitelkeit. Ebenso gibt es solche, die nach Wissen streben, um es für Geld oder Ehre zu verkaufen, das ist schädliche Habgier. Aber es gibt auch Menschen, die wissen wollen, um zu erbauen, das ist Liebe. Dann gibt es solche, die wissen wollen, damit sie selbst erbaut werden, das ist Klugheit.*‹« – »Toll, ein Text aus dem 12. Jahrhundert – und was für eine geniale Wissenschaftstheorie! Könnte man in Stein meißeln und über jedem modernen Universitätsinstitut anbringen. Wo haben Sie das her?« – »Die Stelle stammt aus Bernhards Kommentar zum Hohelied, ein Lieblingsbuch von mir.« Ich ahnte es schon; Edmund würde sich auch in Heiligenkreuz nicht ganz in die Schemata einer normalen mitteleuropäischen Theologenausbildung integrieren lassen. »Sie haben sie immer noch – die Liebe zum Originaltext?« – »Ja, das werde ich auch nicht mehr verändern. Ich liebe Thomas von Aquin, erschließe mir neben dem normalen Studium Stück um Stück seines gewaltigen Œuvres. Und dann kommt gleich Bernhard, dieser wunderbare Denker …«

»Was lieben Sie an Bernhard?«, möchte ich wissen. – »Das Verschwenderische. Denken Sie an sein Wort ›Das Maß der Liebe ist Liebe ohne Maß‹ oder ›Glühen ist mehr als Wissen‹. Die Einheit von Leben und Werk. Die Emphase. Die Begeisterung. Das Mitreißende. Das Ritterliche. Denken Sie mal, er ist gleich mit 30 Freunden in Cîteaux eingetreten. Er war gute zwei Jahre dort, und schon wurde er losgeschickt. Überall schossen von ihm gegründete oder inspirierte Klöster aus dem Boden. Es war eine Revolution.« – »War Bernhard wirklich ein origineller Denker, oder war er nur ein großer Rhetor?« – »Ersteres. Von Bernhard stammt die Erkenntnis und Würdigung der affektiven Liebe. Die moderne Art, mit dem Herzen zu glauben – das geht auf Bernhard zurück. Zu Bernhards Zeiten gab es die Gefahr, dass das Gottesdenken in ein Gefängnis der Objektivierung geriet. Bernhard hat den Geheimnischarakter Gottes betont, sein Ganz-anders-Sein, seine Größe, gleichzeitig aber seine glühende Nähe in der mystischen Erfahrung des Subjekts. An dieser Ecke ist er auch heftig mit Abelaerd zusammengerasselt. Abelaerd war in der Gefahr, Gott zum ›Ding‹ zu machen, das man analytisch sezieren und mit den Mitteln der Logik erschließen kann. Das aber tötet den lebendigen Gott. Gott, so lernen wir bei Bernhard, ist kein ES, er ist ein DU.«

Pater Alkuin
oder: Wie man aus alten Geschichten Honig für heute saugt

Um zu Pater Alkuin zu kommen, dem Professor für Geschichte an der Hochschule, muss man sich auskennen im weitläufigen Areal des Stifts. Frater Severin ist so freundlich, mich an der Tür eines Nebengebäudes abzuliefern, in dem sich der Historiker im Gehege seines Materials wohnlich ausgebreitet hat. Warum stelle ich mir Geschichtswissenschaftler eigentlich immer als Petrifakte vor – alt, grau und verwittert? In Pater Alkuin begegne ich keineswegs einer musealen Gestalt. Der Mann ist ganze 39 Jahre alt, von schlanker, sehniger Gestalt, und entfaltet im Gespräch sofort einen ebenso jungenhaften wie weltläufigen Charme. »Wie nehmen Sie Ihren Kaffee?«, fragt er mit dunkler, kehliger Stimme. Aha, der nächste Amerikaner, denke ich.

Pater Alkuin, ein Deutschamerikaner, der im Wesentlichen in den Vereinigten Staaten aufwuchs, war noch vor einigen, nicht allzu vergangenen Jahren als Literaturscout in New York tätig, das heißt, er fahndete als Agent deutscher Verlage nach belletristischen Erfolgsstoffen und sorgte dafür, dass seine Auftraggeber früher die Nase an die potenziellen Bestseller der Zukunft bekamen als die Konkurrenz. Sofort war eine herzliche, offene Gesprächsebene da.

»Und was haben Sie studiert?« – »Sie werden lachen: Ich bin promovierter Theaterwissenschaftler.« – »Dann sind Sie doch hier genau richtig – großes Welttheater!«, erlaube ich mir zu scherzen. Er lacht und nimmt den Ball auf: »... oder ein mittelalterliches Mysterienspiel, wer weiß.« Es ist eine lockere Ouvertüre zu einem Gespräch, das uns bald in die Tiefen und Untiefen der Geschichte führen würde. »Allein die

Geschichte, wie ich zu den Zisterziensern hier in Heiligenkreuz kam, ist bezeichnend. Ich hatte in Amerika die Idee, in ein kontemplatives Kloster einzutreten. Da gab es schon eine gewisse Auswahl, aber mir war bald klar, dass mir das Element der Kultur, das aus Geschichte kommt, fehlen würde. Also, warum nicht in Europa in ein Kloster eintreten? Aber in welches? Praktisch wie Amerikaner nun einmal sind, drückte mir ein Abt einen kleinen Blumenstrauß europäischer Klöster in die Hand: ›You have the choice!‹ Da stand ich armer Tor nun mit der unsortierten Mischung von Zisterzienserklöstern und wusste nicht, wo anfangen. Ich will die Geschichte abkürzen. Ich reiste, schaute, lernte. Und eines Tages kam ich nach Heiligenkreuz und wusste: ›Dieses Kloster ist es!‹ Nun bin ich zehn Jahre dabei.« – »Warum die Zisterzienser? Warum Heiligenkreuz?« – »Nun die Zisterzienser haben etwas, was die Benediktiner (von denen sie sich sonst nicht sehr unterscheiden) nicht haben: Eine gewisse Wärme, eine Betonung der Affekte, eine Liebe zum leiblichen, sinnlichen Gebet. Ihre Strenge hat einen sensiblen Kern, ist marianisch, also tendenziell mystisch. Und Heiligenkreuz weist einfach eine hinreißende Architektur auf, Stein gewordene Spiritualität. Wenn die Sonne durch die drei Fenster der Westfassade fällt, ereignet sich eine einzigartige Lichtdramaturgie. Hier sprechen die Steine …«

Pater Alkuin hat eine besondere Gabe, Geschichte lebendig werden zu lassen. »Was war Cîteaux? Sie wissen, dort begann im 11. Jahrhundert alles, und zwar einige Jahrzehnte bevor Bernhard, der zweite Gründer des Ordens, in die Geschichte einstieg. Cîteaux war eine richtige Revolution. Die Benediktiner, so wie wir sie heute als Orden kennen, gab es damals nicht. Alle Klöster beriefen sich letztlich auf die Regula Benedicti. Aber diese oft reichen und mächtigen Klöster waren durch die Bank keine spirituellen Orte mehr. Sie wurden als Pfründe gehandelt, waren irgendetwas zwischen Geldanlage, Versorgungsanstalt und Urbarmachung. Die frühen Zisterzienser hingegen waren Abenteurer, wir würden sagen: autonom denkende Leute, wahre Emanzipatoren. Sie entwanden sich dem Würgegriff der Fürsten. Sie machten Kloster auf

Die Westfassade der Abteikirche mit barocker Dreifaltigkeitssäule

eigene Faust – dort, wo nichts zu holen war, in der Einöde, im unfruchtbaren Land, mit einfachsten Mitteln, hohen Idealen und größter Strenge. Natürlich lag die Idee in der Luft, aber es musste einer kommen, ein Charismatiker, der die Sache zur Explosion brachte. Das war unser Bernhard von Clairvaux, ein junger Adeliger, der 1112 mit 30 Freunden an der Pforte des Neuererklosters Cîteaux anklopfte.«

»Und wie muss man sich das konkret vorstellen, wenn so eine Truppe von Cîteaux aufbrach, um ein neues Kloster zu gründen?« – »Bleiben wir doch bei Bernhard. Man nimmt an, dass er nur zwei bis drei Jahre in Cîteaux war, dann zog er als Haupt einer Zwölfergruppe aus ...« Ich unterbreche Pater Alkuin: »Ja, war er da schon Abt und Priester, nach nur zwei Jahren? Da sind Ihre Jungs doch noch gar nicht richtig angekommen!« – »Das muss man wohl annehmen. Man muss sich von unseren Zeitvorstellungen verabschieden. Im Mittelalter war die Zeit kurz und äußerst intensiv. Bedenken Sie, die Leute wurden im Durchschnitt 30 Jahre alt. Also diese zwölf – natürlich achtete man auf die symbolische Zahl – zogen mindestens eine Tagesreise vom Mutterkloster weg ...« Ich unterbreche wieder: »... und besetzten irgendein Brachland in der Einöde?« – »Vielleicht hie und da, aber wir stellen doch sehr bald fest, dass die neue Sorte Mönche, deren Fama sich wie ein Buschbrand verbreitete, gerufen wurde. Das heißt, man lud sie ein, schenkte ihnen ein Stück Land. Es musste nur in der Abgeschiedenheit liegen, das war Bedingung. Als Erstes richteten die Mönche einen Ort des Gebets ein, das war das Wichtigste, und dann baute man sich wohl ein paar Hütten. Dann ging es los.«

Auf meinen Frankreichreisen habe ich immer wieder die alten Zisterzienserklöster besucht, Sénanque in den Lavendelfeldern oberhalb von Gordes in der Provence, Le Thoronet, Fontenay in Burgund. Während Pater Alkuin erzählte, rief ich mir die schlichte Gewalt dieser Bauwerke ins Gedächtnis – und dass einmal nichts da war, als die Mönche vor 800 Jahren an die jeweiligen Orte kamen, mit ein paar Werkzeugen auf dem Buckel und einigen Handschriften unter dem Arm. »Ja, diese Klöster entstanden gewissermaßen aus dem Nichts«, bestätigte Pater

Alkuin, »einige sogar in sehr kurzer Bauzeit, an anderen Klöstern hat man 100 Jahre und mehr gearbeitet. Zu Lebzeiten Bernhards sind 68 Klöster direkt auf seine Initiative hin zurückzuführen, weitere 200 Klöster entstanden in dieser Zeit als Tochtergründungen. Heiligenkreuz ist so entstanden – als eine der Tochtergründungen der Abtei Morimond. Fast überall in Europa tauchten plötzlich die ›weißen Mönche‹ auf. Ihr Markenzeichen: der strenge Wechsel von ora et labora (bete und arbeite).« – »Das heißt«, frage ich nach, »die haben nicht nur gebaut, sondern auch noch mehrere Stunden am Tag gebetet?« – »Ja, und zwar in einem sehr strengen Rhythmus, der auch die frühe Nacht umfasste. Nur muss man sich das nicht so vorstellen, als hätten die eigentlichen Chormönche dann im Steinbruch gewirkt oder Mauern hochgezogen. Das taten die sogenannten Konversen und auch bezahlte Laienarbeiter. Innerhalb kurzer Zeit waren die Klöster von einer großen Zahl von ›Bekehrten‹ *[Konverse kommt vom lat. Wort ›conversio‹ = Bekehrung]* umringt, die ihr Leben und oft genug ihre beachtliche handwerkliche Kunst in den Dienst der großen Idee stellten.«

Über die Konversen hatte ich widersprüchliche Dinge gelesen: »Man sagt manchmal, das wären Leibeigene der Mönche gewesen.« Pater Alkuin wies diese Interpretation zurück. »Das ist ein völlig untauglicher Begriff. Man muss historische Phänomene ganz aus ihrer Zeit heraus verstehen. Zunächst einmal waren die eigentlichen Mönche in den seltensten Fällen Priester. Sie waren Chormönche und konnten lesen und schreiben. Ihre Hauptaufgabe war das Gebet, und ihre Arbeit bestand im Wesentlichen im Schreiben und Malen von Handschriften. Die Konversen, die sich ihnen anschlossen und denen wir beispielsweise die großartigen Bautechniken und Wasserbaukünste verdanken, lebten in einer stabilen, jedoch freiwilligen Anbindung an das Kloster. Sie hatten beispielsweise keine Profess und auch kein Stimmrecht im Kapitel. Sie begriffen sich als Arbeiter und Büßer, die sich in drei, vier Jahren radikaler Christusnachfolge auf das Himmelreich vorbereiteten. Denn länger überlebte man das nicht. Ein steiles, für uns heute fast unvorstellbar steiles Denken! Der ideale Konverse, wie ihn die fromme Literatur schildert, war brillant begabt, von edler Abkunft, vielleicht sogar von hohem Adel. Er tat aber alles, um seine hohe Abkunft zu verheimlichen, sich als unbekannter Christ verbrauchen zu lassen und jung zu sterben, irgendwo in der Nähe eines strengen Klosters, begraben unter einem schlichten Kreuz. Es war« – Pater Alkuin gibt es zu – »eine Blütezeit, die bald zu Ende ging.«

Ich hätte noch lange zuhören können. Dennoch versuchte ich unser Gespräch auf die Gegenwart zu lenken. »Mir ist im Ohr geblieben, dass Konversen ja eigentlich *Bekehrte* waren, die sich um die Klöster scharten. Könnte das ein Schlüssel sein für die nähere Zukunft der Kirche?« – »Sie haben recht«, meinte Pater Alkuin, »wir betrachten Geschichte ja schließlich, um daraus zu lernen. Und in der Tat könnte uns die Phase der frühen Zisterzienser etwas darüber sagen, wie wir die Wende aus der aktuellen Kirchendepression schaffen. Die Pfarreienstruktur, wie es sie fast überall noch gibt, wird so nicht zu halten sein. Das sagen alle. Was bleibt dann noch? Es werden die Zellen lebendigen Glaubens bleiben. Stabile Gebetskreise, Hauskirchen, neue geistliche Gemeinschaften und halt Klöster – sofern sie Ausstrahlung haben oder sie in einem vielleicht zunächst bitteren Läuterungsprozess wiedergewinnen. Eines ist mir klar: Diese Leuchtpunkte oder Ausstrahlungsorte haben ihre Zukunft noch vor sich. Je kälter die Zeiten, je härter das Umfeld wird, desto stärker werden die neuen Zentren des Glaubens werden. Wir spüren das hier in Heiligenkreuz gerade sehr stark. Nicht weil wir so toll sind, sondern weil Gott uns die Gnade vieler und guter Berufungen schenkt. Unser Haus ist voll bis an den Rand. Wir können momentan gar nicht so viele Kandidaten aufnehmen wie anklopfen. Das bedeutet: Wir werden, so Gott will, bald wieder das machen können, was unsere Mitbrüder im 12. Jahrhundert machten: Leute ausschicken. Irgendwo sollen sie einen neuen Kristallisationspunkt bilden, um den herum sich eine Korona von Bekehrten bilden wird, wenn das Ganze Ausstrahlung hat. Vergessen wir nicht: Mönche waren die Missionare Europas.«

Frater Emmanuel
oder: Wie man Beziehungen zu einer guten Freundin pflegt

Während der Winterzeit herrschen in der großen Stiftskirche Minustemperaturen; es wäre unverantwortlich, das Chorgebet dort abzuhalten. Deshalb gibt es eine beheizbare Winterkirche, die Bernardikapelle, in der sich die Mönche fünfmal am Tag zu Chorgebet und Messe versammeln. Als Gast bin ich dabei, Stunde um Stunde. Dabei fällt mein Blick auf den vorderen Chorraum, in dem es nur zwei Figuren gibt, die offenkundig mit großem Bedacht gewählt wurden. Zur Linken ein »hingerissener« Engel, der flügelschlagend das Lob Gottes singt. Was das den Mönchen in den wallenden weißen Kukullen sagen soll, ist klar: Lasst euch nicht hängen! Rafft euch auf, seid Menschen mit Flügeln! Hört nicht auf, Tag und Nacht ein hinreißendes, flammendes Lob Gottes zu singen! Erhebt eure Herzen! Seid mit ganzer Seele bei eurem Gott! Zur Linken aber ist nicht noch ein Engelwesen dargestellt, sondern ein Menschenkind von äußerster Bescheidenheit. Es handelt sich um eine von innen heraus bewegte, sehr schöne junge Frau, die ihre Hände über der Brust zusammenschlägt, weil sie offenkundig eine ganz außerordentlich erfreuliche Nachricht empfangen hat, die sie noch gar nicht fassen kann. Der Name der jungen Frau ist bekannt: Maria. In der ersten Woche meines Aufenthalts in Heiligenkreuz übersah ich diese Figur. In der zweiten fiel sie mir von Tag zu Tag mehr in die Seele. Zum Schluss sah ich nur noch dorthin. Und wenn ich nun weggehe, werde ich dieses wunderbare Bild mitnehmen als das Wesen von Heiligenkreuz.

Ich hatte noch ein zweites Marienerlebnis in Heiligenkreuz, ein Erlebnis in zwei Akten, ein Erlebnis mit Frater Emmanuel (30). Mir fiel der schlanke, großgewachsene junge Mann zum ersten Mal bei der Jugendvigil auf, an der etwa 300 Jugendliche teilnahmen. Ganz zum Ende hin kam Frater Emmanuel nach vorne. Er trug eine Marienfigur auf dem Arm, und nun leider keine Kopie der wunderbaren Maria aus der Bernardi-Kapelle, sondern eine für meinen Geschmack etwas kitschige, weil devotional aufgeladene Marienfigur. Er hielt sie den Jugendlichen hin: »Hier ist unsere Wandermuttergottes! Sie sucht für die nächsten Wochen wieder ein Zuhause. Wer möchte sie haben?« Jemand wollte sie haben. Ich rieb mir die Augen. Geht so etwas mit Jugendlichen in Österreich? Sind die so anders? Haben sich die Zeiten so gewandelt? Habe ich etwas nicht mitbekommen?

Jetzt lerne ich Frater Emmanuel kennen. Er ist ein stiller, bescheidener Mensch, der um seine Person nicht viel Aufhebens macht. Emmanuel sieht nicht aus, als wäre er ein Fall für die Psychopathologie der Religion. Vielmehr fällt mir die ruhige Sicherheit und Geradlinigkeit auf, mit der er seine Überzeugungen vertritt. Mit ihm möchte ich mich über Maria unterhalten. Meine zisterziensische Feldforschung wäre nicht komplett, würde ich dieses Thema ausklammern. Die jungen Mönche haben dazu interessanterweise mehr Bezug als die älteren. Da ist ohnehin ein bisschen Reibung: »Die sind ziemlich konservativ, die Jungen«, sagen die Älteren. »I wo!«, sagen die Jungen. »Wir und konservativ? Im Leben nicht. Wir sind zwar nicht liberal, sonst aber innovativ!« Sie mögen dieses Wort ›konservativ‹ nicht, weil sie als es als Teil einer mit political correctness operierenden liberalen Totschlagstrategie verstehen. Sie begreifen sich als unbürgerliche Neuerer, haben mit Restauration nichts im Sinn und halten die »Alt-68er« – einige versprengte Exemplare dieser Gattung finden sich auch im Kloster – für die wahren Spießer.

In der Postmoderne geht alles. »Frater Emmanuel, Sie holen die Muttergottes wieder aus der Versenkung?« – »Ja, ich liebe sie. Wenn Maria in der Kirche fehlen würde, dann würde die Mutter fehlen. Dann wäre vieles kälter und härter. Glücklicherweise hat uns Jesus seine Mutter geschenkt. *Sie ist da* und sie führt auf dem schnellsten Weg zu Jesus.« –

»Aber warum halten Sie den Jugendlichen eine so kitschige Madonna hin? Das ist doch eine ästhetische Zumutung.« – »Ich habe diese Muttergottesfigur nicht ausgesucht. Die KGI (Katholische Glaubensinformation) hat mit diesem kleinen Brauch, Maria von Haus zu Haus zu geben, angefangen. Es war halt diese Madonna und keine andere. Niemand muss sie nehmen. Aber manche von denen, die sie nahmen und bei sich zu Hause aufstellten, können Geschichten erzählen, mit denen man mittlerweile ein Buch füllen könnte: Sie veränderten ihr Leben, fanden Hilfe in ihren Sorgen, haben sich Gott zugewandt, wurden innerlich befreit. Sie glauben nicht, dass so etwas möglich ist?« – »Doch, ich glaube, dass Gott Wunder wirken kann. Aber warum braucht er dazu eine künstlerisch fragwürdige Marienfigur? Warum kann er sich dabei nicht einer gültigeren Kunstsprache bedienen?« Frater Emmanuel zuckt mit den Schultern: »Ich sehe darin kein Problem. Vielleicht sucht er die Kleinen und Demütigen, um ihnen Erkenntnisse anzuvertrauen, die den Stolzen und Klugen unzugänglich sind.« Vielleicht hat dieser junge Frater recht. Wer will, kann sich doch anhand ästhetisch einwandfreier Madonnen bekehren.

Frater Emmanuels Weg ins Kloster ist nicht spektakulär – und doch: wenn man diesem sympathischen, ruhigen Mann eine Weile zuhört, gerät man in den Sog einer starken inneren Kraft, die ihn langsam einen sehr steilen Berg nach oben gezogen hat, einer Kraft, die noch immer da ist und die ihn weiter nach oben zieht. Emmanuel hat diese Kraft nicht aus sich, denn von seinem Naturell her ist er ein Zauderer, ist er jemand, der für innere Prozesse lange Zeit braucht. Emmanuel entstammt einer religiösen Familie, in der es noch zwei Schwestern und zwei Pflegegeschwister gibt. Um das Maturajahr herum gab es eine religiöse Krise, die sich in inneren Kämpfen und Glaubenszweifeln äußerte. Ihr Ausgang war – hört man vergleichbare Geschichten aus Heiligenkreuz – so ungewöhnlich nicht: Emmanuel fragte sich, ob er nicht vielleicht Priester oder Ordensmann werden sollte. Seine Antwort an Gott war kein striktes Nein, eher ein für ihn vielleicht typisches: »Kann das nicht! Bin viel zu schwach! Haushohe Überforderung!« Emmanuel wich aus. Er studierte etwas ganz anderes, nämlich Kulturtechnik und Wasserwirtschaft in Wien, ein Studium, in dem er etliche Jahre später auch seinen Abschluss als Diplom-Ingenieur machen sollte. Doch Gott gab sich mit der halbherzigen Antwort nicht zufrieden. »Zufällig« erhielt er zu Beginn seines Studiums einen Platz in einem katholischen Studentenwohnheim, prima Lage in Wien. »Zufällig« hatte dieses Studentenwohnheim auch eine Kapelle, in die es Emmanuel immer wieder hinzog. Gott funkte ihn an, sandte ihm permanent Lichtzeichen.

Hinzu kam, dass er in Wien regelmäßig an einem *Gebetskreis der Jüngergemeinschaft* teilnahm, deren »Wandermuttergottes« er noch immer weitergibt. In diesem Kreis fand Emmanuel eine lebendige Gemeinschaft junger Christen. Hier machte er auch Exerzitien und nahm an gemeinsamen Wallfahrten teil. Der Anruf Gottes wurde so stark, dass Emmanuel sogar einmal sein Studium für ein halbes Jahr unterbrach, um vielleicht wirklich den Absprung zu schaffen. Noch war es zu früh. Die Gemeinschaft der Kalasantiner war auch nicht die richtige für ihn. Ein Priester riet ihm schließlich: »Jetzt machen Sie einmal ganz normal Ihr Studium fertig. Dann wird sich zeigen, was dran ist!« Wie gesagt, es war der langsame Anstieg auf einen Berg, bei dem sich nach und nach die Dinge lichteten.

Die entscheidende Hilfe beim Aufstieg erfolgte über ein »Gerät«, das über 500 Jahre im Gebrauch der Christenheit ist, aber normalerweise eher mit alten Müttelchen als mit einem Technikstudenten in Verbindung gebracht wird: den Rosenkranz. Diese Meditationskette wurde nach und nach zum täglichen Begleiter Frater Emmanuels. »Der Rosenkranz«, erläutert der junge Mann, »entspricht total meiner kontemplativen Wesensart. Niemand führt mich besser in meine eigene Tiefe und in die Nähe Jesu als Maria.« Emmanuel wurde klar, dass es seine Berufung nicht war, Weltpriester zu sein oder einem sogenannten aktiven Orden anzugehören. »Ich brauchte eine Gemeinschaft, in der das Gebet einen zentralen Platz einnimmt. Das ist ein wichtiger Teil meiner Berufung. Ich möchte beten für andere.« – »Glauben Sie, das hilft?«, frage ich ihn. »Ich bin davon überzeugt. Ich habe es oft an mir selbst erfahren und bei anderen gesehen. Beten verwandelt die Welt. Besser gesagt: Im Gebet wird die Welt durch Gott verwandelt. Auch dass ich jetzt in Heiligenkreuz bin, ist kein Zufall, sondern eine wunderbare Führung und Fügung *im Gebet*.«

Ich erzähle Emmanuel, dass ich gerade mit einer evangelischen, an der Bibel orientierten Reisegruppe auf dem Sinai und im Heiligen Land war. Im berühmten Katharinenkloster und anderswo sahen wir immer wieder Ikonen, auf denen Maria abgebildet war, oder Maria und Jesus. Ich hatte das Gefühl, dass meine frommen Mitreisenden davon regelrecht Bauchweh bekamen. Die Lebensentscheidung für Jesus war alles für sie und Marienverehrung etwas vom Schlimmsten. Hier und da konnte ich erklären, dass wir Katholiken Maria keineswegs anbeten. Aber das Gefühl der Inkongruenz blieb. Deshalb frage ich den jungen Ordensmann: »Frater Emmanuel, wollen Sie zu *Jesus* oder zu *Maria*?«

»Natürlich ist Jesus Christus mein Herr und Erlöser und nicht Maria. Doch wo Maria ist, da ist immer auch Jesus. Und wo Jesus ist, da sind auch der Vater und der Heilige Geist.« – »Aber man kann sich dann doch einfach an Jesus wenden, wie sich die Menschen damals in Palästina an Jesus wandten?« – »Ja, man kann sich auch direkt an ihn wenden. Aber schon in seinem irdischen Leben hat Jesus Wunder auf Vermittlung seiner Mutter hin gewirkt, etwa bei der Hochzeit zu Kana. Jetzt ist Jesus Herr im Himmel. Und den wir im Himmel anbeten, ist derselbe, der Gott ist und Mensch geworden ist, indem er Fleisch angenommen hat aus der Jungfrau Maria.« – »Sind das nicht lebensfremde, theologische Termini?«, frage ich, um ihn zu provozieren. »Keineswegs. Maria war der Weg, auf dem Jesu in die Welt kam. Und Maria ist auch heute der Weg, auf dem Jesus zu uns kommen will.«

Ich bleibe am Ball: »Noch einmal, Frater Emmanuel, warum der Umweg über Maria? Ich sage Ihnen ein Beispiel: Wenn Sie hier im Kloster wirklich einmal etwas Besonderes wollen, dann gehen Sie doch auch am besten gleich zum Abt und nicht zu Pater Prior, oder?« – »Nicht unbedingt. Manchmal, besonders wenn ich meiner Sache nicht ganz sicher bin, gehe ich erst einmal zu Pater Prior. Der ist sehr gütig und versteht mich, auch wenn ich vielleicht teilweise falschliege. Wenn Pater Prior meine Sache dann trotzdem gut findet und wir gemeinsam vor den Abt gehen, dann stehe ich doch ganz anders da, nicht wahr?« – »Warum also über Maria? In einem Satz, bitte!« – »Weil es leichter ist; und weil sie der Weg ist, der Gott am besten gefällt.« – »Erhört Jesus Sie eher, wenn Sie Maria um ihre Fürbitte anrufen?« – »Ja.« – »Warum?« – »Weil Jesus seiner Mutter nichts abschlägt.« Als Frater Emmanuel mich verlässt, lässt er mir einen Zettel da: »Das ist von unserem Ordensvater Bernhard von Clairvaux, aus einer Predigt ›In laudibus Virginis Matris‹. Nehmen Sie sich einmal eine stille Stunde und lesen Sie das!«

Erheben sich die Stürme der Versuchung,
befindest du dich inmitten der Klippen der Trübsale,
blicke auf zum Stern des Meeres,
rufe Maria zu Hilfe!

Bist du über die Schwere deiner Sünden bestürzt,
über den elenden Zustand deiner Seele beschämt,
bist du von Schrecken erfasst bei dem Gedanken an das Gericht,
beginnst du immer tiefer in den Abgrund
der Trostlosigkeit und der Verzweiflung zu sinken,
denke an Maria!

Hält sie dich fest, kannst du nicht fallen.
Schützt sie dich, dann fürchte nichts!
Führt sie dich, wirst du nicht müde.
Ist sie dir gnädig, dann kommst du sicher ans Ziel!

Abt Gregor
oder: Wie man lernt,
ein guter Vater zu sein

Nie ist ein Kloster aufgeregter als in dem Moment, in dem eine Abtwahl herannaht. Meistens gibt es zwei Kandidaten. Der es werden will, darf es nicht werden. Der es nicht werden will, muss es werden. Und so tut der, der es unbedingt werden will, als wollte er es auf gar keinen Fall werden. Die Weisheit der Mönche besteht nun darin, natürliche wie künstliche Nebel der Demut zu durchsteigen und mit Gottes Hilfe den Mann zu wählen, der in Zukunft ihr Abbas oder Abt, zu deutsch ›Vater‹, sein wird.

Von diesem Mann heißt es in der Benediktsregel: »*Er vertritt im Kloster die Stelle Christi; wird er doch mit dessen Namen angeredet nach dem Wort des Apostels:* ›*Ihr habt den Geist empfangen, der euch zu Söhnen macht, den Geist, in dem wir rufen: Abba, Vater!*‹« Ich muss an diese ungeheuerliche Überforderung denken, als ich mich durch die langen Klosterflure oberhalb des Kreuzganges aufmache, um Abt Gregor Henckel Donnersmarck zu besuchen. Die Regel des heiligen Benedikt gibt noch eines obendrauf: »*Der Abt denke immer daran, dass in gleicher Weise über seine Lehre und über den Gehorsam seiner Jünger beim erschreckenden Gericht Gottes entschieden wird. So wisse der Abt: Die Schuld trifft den Hirten, wenn der Hausvater an seinen Schafen zu wenig Ertrag feststellen kann.*« Allzu versessen sollte man also nicht auf den Job sein.

Durch eine doppelte Flügeltür gelange ich endlich in das Herz der Dinge, in den Empfangsraum, den Salon – sagt man das? – von Abt Gregor. Die Räume sind von einschüchternder Größe. Barocke Kunst ziert die Wände, feines Mobiliar verliert sich im fürstlich dimensionierten

Raum. Hier sprach man nicht miteinander, hier wurde Aufwartung gemacht, wurden Begegnungen zelebriert. Ein wenig viel Opulenz im Vergleich zur erhabenen Strenge der romanischen Stiftskirche, denke ich. Obwohl Abt Gregor gewiss eine raumfüllende Gestalt ist und er schon qua Herkunft die große Geste beherrscht, scheint er seine »Gemächer« mit einer gewissen ironischen Distanz zu bewohnen. »So hat nun einmal der Barock gebaut! Soll man's einreißen und ein Stück Geschichte durch das nüchterne Headquarter eines mittelständischen Betriebs ersetzen? Das wäre albern.« Die gelassene Modernität von Abt Gregor weiß mit beidem umzugehen – damit, dass es sich bei Stift Heiligenkreuz um einen Minikonzern mit immerhin 170 Mitarbeitern handelt, und damit, dass sich eines Tages sein Konterfei in der fast neun Jahrhunderte langen Reihe der würdigen und weniger würdigen Äbte von Heiligenkreuz einreihen wird.

Vorher hatte ich schon von dem ungewöhnlichen Berufsweg des Abtes gehört und war gespannt, wie viel er von seiner beruflichen und privaten Vergangenheit preisgeben würde. »Ich habe keine Geheimnisse!«, überrascht mich Abt Gregor und bittet mich, im Sessel Platz zu nehmen. »Ja, es stimmt. Ich war Manager bei Schenker, dem international operierenden Logistikunternehmen; in Spanien, Barcelona, war ich als Geschäftsführer aktiv. Ins Kloster bin ich erst relativ spät gegangen, nämlich mit 34.« Abt Gregor lächelt etwas bei der Erinnerung seiner früheren Karriere, wohl wissend, dass ›die Welt‹ einem Kirchenmann alles zutraut, nur keinen wirtschaftlichen Sachverstand.

Immer wieder muss der Abt übrigens dem Missverständnis entgegentreten, als fänden sich im Kloster vor allem solche, die es nötig haben, weil sie in der Welt nicht zurechtkommen. Abt Gregor hat es sichtlich nicht nötig. Er hat als junger Mann gutes Geld verdient, und er hätte noch mehr Geld verdienen können. Er war aber so frei, eine frühe und steile Karriere in der Wirtschaft auszuschlagen, um in den Dienst Christi zu gehen, Mönch zu werden.

»Hatten Sie eine Art Damaskus-Erlebnis? Eine plötzliche Einge-

ABT GREGOR GELEITET DEN PAPST IN DIE KLOSTERKIRCHE

bung?« – »Nichts von alledem. Mit 34 war ich einfach so weit. Die religiöse Substanz habe ich ganz gewiss von meinem Vater, der ein Doktorat in scholastischer Philosophie besaß. Aber es brauchte lange, um aus einem Menschen, der seinen Glauben auf Minimalflamme fuhr, Stück für Stück einen zu machen, der alles auf die Karte Gott setzt. Im Grunde habe ich es wie ein Kaufmann gemacht. Ich habe mich eines Tages hingesetzt und habe nüchtern und kühl Soll und Haben gegeneinander aufgerechnet.« – »Was stand auf der Soll-Seite?« – »Ich tat zu wenig für meinen Glauben. Ich war unzufrieden, dass ich mein Leben nicht besser auf Gott hin organisiert bekam …« – »Und auf der Haben-Seite?« – »Ich merkte, dass mich das Thema Glauben gar nicht mehr losließ; wo ich war, schien die Rede darauf zu kommen. In diesen Diskussionen zeigte ich regelmäßig Flagge, etablierte mich ein bisschen als Verteidiger des Glaubens.«

Ich rechne nach: »Wann gab es da etwas zu verteidigen?«; es muss in den sechziger Jahren gewesen sein. »Ja, es war in den Jahren nach dem Konzil. Damals begann es, dass man Papst Paul VI., der ein sehr feiner und kluger Mann war, mit Kübeln voll Häme und Dreck übergoss. ›Pillen-Paul‹ titelte der Spiegel und machte den Mann, der im Grunde der Prophet war, der die demographische Katastrophe in der Wurzel erahnte, zur Unperson. Das rief mich als Mann auf den Plan, weckte etwas Ritterliches in mir. Ich empörte mich *justament* gegen diese Niedertracht. »*Justament!*« Ich spüre die Gene dieses Mannes, das Moment adeliger Herkunft, das völlig unprätentiös und authentisch aus ihm hervorbricht. Ritterlichkeit suchte das ritterliche Charisma bei den Zisterziensern – eine gute und sinnvolle Verbindung.

Das Markige, Virile dieses Mannes provoziert mich zur Frage: »Ehe, Familie, war das nie eine Option für Sie? Sie waren ja lange genug in Zusammenhängen, in denen sich Frauen für Sie interessiert haben dürften. Ein junger Mann von bester Herkunft, vermögend, Karriere in der Wirtschaft …« Der Abt kann sehr gut mit der Frage umgehen: »Ja, das war in der Tat eine Option. Wer kein guter Ehemann und Familienvater werden könnte, kann auch kein guter Priester werden. Denn dort müssen sie auch Vater sein. Es gab Freundschaften – aber zuletzt zog der Wunsch, Priester und Mönch zu werden, stärker.« Natürlich würde jedermann gerne die Liebesgeschichte eines Abtes hören, doch auf Yellowpress-Level gleitet dieses Gespräch nicht ab. »Gehen Sie einmal davon aus«, zwinkert mir Abt Gregor zu, »dass ich keine Leichen und auch keine gebrochenen Frauenherzen zurückgelassen habe.« – »Fällt es Ihnen schwer, keine Frau und keine Kinder zu haben?« – »Es fiel mir zu unterschiedlichen Zeiten unterschiedlich schwer. Als ich etwa 50 war, da gab es mir einmal einen Stich, keine eigenen Kinder zu haben und nie welche haben zu werden. Das liegt doch tief im Menschen drin, dass er, wenn er älter wird, sich in seinen Kindern sehen will. Aber dafür hat mich Gott in diese Gemeinschaft gestellt, damit ich den jungen Menschen hier – und nicht nur ihnen, auch den ganz alten – auf geistliche Weise Vater sein soll.«

Bald sind wir in einem regen Gespräch über die Frage, warum gerade Heiligenkreuz. Wie praktisch von allen Mönchen höre ich auch hier die Worte: »Ich fühlte mich sehr geführt …« Die Zisterzienser lagen ihm grundsätzlich wegen des ritterlichen Elements, aber noch mehr faszinierte ihn dieses spezielle, seit dem 12. Jahrhundert nie aufgehobene Kloster, das in jedem Winkel seiner Mauern große Geschichte und substanzielle Kunst atmet. »Sind Sie langsam hereingewachsen? Mit Krisen? Zeiten des Zweifels, ob Sie am richtigen Platz sind?« – »Nein, eigentlich nicht. Der Abt sagte mir damals ein paar sehr klare Worte, die mich auf die richtige Spur setzten; er meinte: ›Überlegen Sie sich gut, ob Sie hier sterben wollen!‹ Das war die Ansage. Ich überlegte sehr gut. Und dann marschierte ich geradeaus. 1977 bin ich eingetreten, 1982 wurde ich zum Priester geweiht. Bald darauf gab man mir die Verantwortung für die jungen Leute …« – »Und dann wurden Sie Abt?« – »Nein, da gab es einen riesigen Umweg. 1986 ereilte mich eine ganz schwere Aufgabe. In Rein, einem anderen Zisterzienserkloster, war es – so etwas gibt es – zu heftigen Turbulenzen gekommen, die mit gewöhnlicher Administration nicht zu beheben waren. Mein Abt kam zu mir. Ein Fall von Gehorsam! Ich musste fünf Jahre lang den Troubleshooter spielen, was alles andere als einfach war. In all diesen Jahren hatte ich eigentlich immer noch eine Promotion in Katholischer Soziallehre im Kopf. 1992 merkte ich, dass ich diesen Traum für immer begraben muss. Der Generalabt der Zisterzienser rief mich als Assistent nach Rom. Zwei Jahre habe ich in der Ewigen Stadt gelebt. Und schon wieder musste ich mein Ränzlein packen. In Wien brauchte man einen Nationaldirektor für die Päpstlichen Missionswerke MISSIO …«

»Ah, daher die vielen jungen Mönche aus Asien, die hier im Konvent mitleben?« Beim Frühstück hatten mich die jungen Vietnamesen im Mönchsgewand beiseitegenommen und mir begeistert von den aus allen Nähten platzenden Zisterzienserklöstern im kommunistischen Teil Vietnams erzählt. Es gibt dort Klöster mit mehreren hundert Mönchen. Abt Gregor bestätigt das: »Was glauben Sie, was andernorts in der Welt los ist! Meine Tätigkeit bei MISSIO hat mir die Augen geöffnet. Wir meinen hier in Europa, das Christentum liege in den letzten Zügen. Das Gegenteil ist wahr! In Asien und manchen Ländern Afrikas geht für den Glauben gerade erst die Sonne auf – und zwar mit einer Dynamik, dass wir mit dem Schauen kaum hinterherkommen.«

Abt Gregor redet sich in Begeisterung: »Die Klosterberufungen der Zukunft, so viel darf ich prophezeien, liegen in Asien, in Sri Lanka zum Beispiel. Europa ist bei den Berufungen schwach geworden!« Das erstaunt mich. Ich lege Widerspruch ein: »Aber Sie platzen hier in Heiligenkreuz doch aus allen Nähten! Lauter junge Leute! Und was für feine Kerle! Gestern noch hat mir der alte Pater Raynald freudestrahlend gesagt: So viele hatten wir noch nie im Chor! Sie müssen Kandidaten zurückweisen, vertrösten. Da kann man doch nicht von Krise sprechen! Müssten Sie nicht der glücklichste Abt in ganz Europa sein?«

Ich merke, wie Abt Gregor hörbar durchatmet. Wahrscheinlich mache ich mir keine Vorstellung, wie viele Sorgentropfen sich im Becher der Freude befinden. »Aber ja, Sie haben einerseits vollkommen recht. Wir müssen Gott unglaublich dankbar sein, dass er uns hier mit Gnade und Segen ohne Ende überhäuft. Trotzdem, glauben Sie es mir – die Musik wird anderswo spielen!« Dass er nicht sagte – dort geht die Post ab!

Zum Schluss unseres Gesprächs kommen wir auf die Rolle des Abtes zu sprechen. Es scheint eine Konstante im Leben von Ulrich Henckel Donnersmarck alias Abt Gregor zu sein, sich nie eigentlich um Aufgaben beworben zu haben. Auch die Abtwahl 1999 erwischte ihn gewissermaßen kalt, denn man hatte ihn nach vier Jahren MISSIO Wien gerade ehrenvoll nach Rom berufen, wo er Generalsekretär der Päpstlichen Missionswerke wurde – und lange hätte bleiben können. Vielleicht, denke ich so für mich, hätten wir es heute mit Eminenz Kardinal Henckel Donnersmarck zu tun. So aber riefen ihn die Mitbrüder postwendend als Abt ins vergleichsweise beschauliche Wienerwaldkloster zurück.

»Und unter Ihrer Ägide kam dann dieser plötzliche Aufbruch, der Heiligenkreuz quasi über Nacht zu einem der strahlendsten Klöster in ganz Europa machte. Auch Papst Benedikt scheint ja eine gewisse Schwäche für Sie zu haben!?« – »Nein, nein«, wehrt Abt Gregor diese Sicht der Dinge ab, »in vieler Hinsicht durfte ich ernten, was andere gesät haben. In erster Linie muss ich auf meine Vorgängeräbte verweisen. Wenn Heiligenkreuz heute blüht, dann wegen ihnen. Ja, und um die Hochschule hat sich besonders Pater Karl verdient gemacht.«

Einige Tage zuvor hatte ich mit Altabt Gerhard gesprochen. »Das ist ein ganz anderer Mensch als Sie!«, wage ich zu sagen. »Das können Sie wohl laut sagen«, pflichtet mir Abt Gregor bei. »Er war mein Novizenmeister. Allein die Tatsache, dass der als Mann in seinem Alter noch immer in unserem Konvent lebt, spricht Bände. An sich kann man nach der Abdankung auch in einem anderen Konvent leben. Es wäre eine Katastrophe, wenn eine Kommunität zwei Machtzentren hätte. Da muss sich nur ein Mönch einmal etwas hart vom neuen Abt angefasst wissen, schon eilt er zum Altabt. Der soll mal auf den Tisch hauen. Und sofort haben Sie den größten Durcheinander. Bei Abt Gerhard bestand nie auch nur der Hauch einer solchen Gefahr. Niemals würde er sich einmischen. Abt Gerhard hatte eigentlich nie ein Verhältnis zur Macht, er litt geradezu darunter, sie nutzen zu müssen. Heute ist er vielleicht mein wichtigster Mann, denn für die Jungen ist er das große Vorbild. Er fehlt nie im Chor, auch wenn er sich am Stock dorthin schleppt. Er ist der fleischgewordene, demütige Zisterzienser. Er ist das Muster eines geistlichen Vaters. Ich möchte mir nicht vorstellen, was Heiligenkreuz ohne ihn einmal ist … Sehen Sie, und ich bin ganz anders!«

Schon rein äußerlich ist das nicht zu übersehen. Altabt Gerhard ist klein, fein, zurückhaltend. Abt Gregor hat eine mächtige Statur, im Sport würde man sagen: Er boxt in einer anderen Gewichtsklasse. Wenn er den Raum betritt, weiß man, wer der Chef ist. »Das etwas präpotente

Temperament, das mir der liebe Gott in die Wiege gelegt hat, lässt mich in mir ruhen. Ich bin so leicht nicht aus der Ruhe zu bringen. Auch mit einer gewissen Einsamkeit kann ich umgehen, die sich naturgemäß um einen Abt einstellt …« Mir war das auch schon aufgefallen bei der Rekreation *[gemeinsame Erholung der Mönche]*. Obwohl alle Abt Gregor mögen, scheint man doch selbst bei Mönchens die altpreußische Weisheit zu beherzigen: »Geh nie zu deinem Fürst, wenn du nicht gerufen wirst.« Man möchte sich ja nicht dem Geruch aussetzen, ein Günstling zu sein. »Sehen Sie – darunter litt Abt Gerhard. Er ist ein Genie der Freundschaft. Er braucht das, die vertraute Nähe. Sonntags kommen seine drei noch lebenden Brüder. Dann spielen die vier Alten Karten – und sind einfach nur glücklich mit sich und der Welt.«

»Eigentlich bin ich ja gekommen, um Sie zu fragen, wie man das macht – als Abt zu regieren«, versuche ich das Gespräch wieder auf seine Person zu lenken. »Ist das nur eine Variante von Manager sein?« – »Vergessen Sie das mit dem Manager! Damit kommt man hier nicht weit«, meint Abt Gregor und sucht nach etwas in den weitläufigen Taschen seines Ordensgewandes. Nanu, was will er mir denn jetzt zeigen? Was er hervorkramt, ist ein Terminkalender, dessen letzte Seite mit einer Reihe von Begriffen ausgefüllt ist …

»Schauen Sie, das habe ich immer bei mir. Da muss ich nur draufschauen, dann weiß ich wieder, was mein Job ist.« Die Seite sieht abgegriffen aus. Abt Gregor liest mir die schon etwas verwischten Worte vor: »Lehrer, Erzieher, treuer Begleiter, Seelsorger, Hausvater, Vater, Vorbild … zuletzt Stellvertreter Christi. Das sind die Koordinaten!«

Welch eine Überforderung, denke ich wieder. Gewiss, da ist dieses Instrument des Gehorsams, das der Abt mit höchster Autorität anwenden kann, ja muss, wie es in der Regel heißt: »Denn der Gehorsam, den man den Oberen leistet, wird Gott erwiesen; sagt er doch: *Wer euch hört, hört mich.*« Jeder Mönch ist gehalten, sich den Willen Christi vom Abt konkretisieren zu lassen. Benedikt kennt nichts Abscheulicheres als den *ungehorsamen Mönch*, der sein eigenes Ding macht, sich selbst die Befehle gibt und seinen Eigenwillen durchsetzt. Das ist der Un-Mönch schlechthin, so glanzvoll er auch in den Augen der Welt agieren und operieren mag.

Aber diese Zuspitzung ist in der Umkehr eine gewaltige Herausforderung an den Abt – er muss auch *befehlen*. Gerade die Jungen, Wilden, Starken brauchen eine Ansage. Sie wollen mit ihren Gaben nicht nutzlos herumstehen, wollen die Welt bewegen, ins Feuer geschickt werden. So muss der Abt gleichzeitig die einen anfeuern, während er andere bremsen, stärken, trösten muss, je nachdem. »So allzu lange werde ich das nicht mehr machen können«, erkennt Abt Gregor. »Man braucht dazu viel Kraft, eine ungebrochene Gesundheit und eine nie nachlassende Präsenz. In ein paar Jahren muss ein anderer den Abtsstab übernehmen!«

»Eines noch würde mich interessieren«, sage ich (und blicke heimlich auf die Uhr, denn draußen wird es schon langsam dunkel), »es klopfen ja ganz viele Interessenten bei Ihnen an. Woher wissen Sie, der ist es, und der ist es nicht?« Die Antwort kommt ohne lange Überlegung: »Ich versuche herauszufinden, ob er *Gott sucht* (Regula Benedicti), das ist das Entscheidende. Und dann muss er mir zeigen, dass er das schon in seinem Leben bewiesen hat. Also Leute, die plötzlich der Rappel überfällt, weil ihnen der Job zu mühsam, die Freundin zu anstrengend und die Welt zu düster geworden ist, die finden wir schon heraus – und zwar meist schon vor der Einkleidung.« – »Fürchten Sie nicht, dass man Sie mit geschönten Lebensgeschichten austricksen kann? Dass Ihnen nicht doch jemand unterkommt, der einfach nur einen warmen Unterschlupf und eine soziale Rolle sucht?« – »Ich glaube nicht. Beispielsweise frage ich jeden, der hier ankommt: Sind Sie homosexuell? Ich muss an diesem Punkt Klarheit haben, nicht zuletzt aus bitterer Erfahrung. Und ich füge hinzu: Sagen Sie mir bitte die Wahrheit! Denn wenn Sie mir nicht die Wahrheit sagen, dann ist alles, was Sie hier sonst noch tun oder versprechen, null und nichtig.«

Diese klaren Töne hatte ich nicht erwartet. »Da wird man Ihnen aber demnächst im Kontext von Gender Mainstreaming Schwierigkeiten bereiten«, gebe ich zu bedenken. »Sie kennen das neue Delikt – Homophobie? In Deutschland ist das alles schon politisch implementiert.« Abt Gregor winkt ab: »Ich ahne, was da über Europa auf uns zukommt. Der Punkt ist: Ich diffamiere mit meiner Testfrage in keiner Weise Männer mit homosexueller Ausrichtung, sage nur, dass sie in kein Männerkloster passen. Wo kommen wir denn hin, wenn staatliche Instanzen uns vorschreiben wollten, wen wir hier aufnehmen müssen und wen nicht! Niemand hat einen Rechtsanspruch auf Aufnahme in ein Kloster. Sollte die Political Correctness uns einmal zwingen wollen, etwas zu tun, was gegen das Evangelium ist, lege ich mein Amt nieder.«

Noch ist es zu früh, um Bilanz zu ziehen, aber ich möchte doch wissen, wo Abt Gregor seine Schwerpunkte gesetzt hat. »Soll ich Ihnen meine Lieblingsstelle aus der Benediktsregel nennen? … Hier, ich lese sie Ihnen vor: ›Er [der Abt] hasse die Fehler, er liebe die Brüder. Muss er aber zurechtweisen, handle er klug und gehe nicht zu weit; sonst könnte das Gefäß zerbrechen, wenn er den Rost allzu heftig auskratzen will‹. Sie verstehen: Wir sind hier keine pädagogische Anstalt. Und hier wird auch keiner gefeuert, wenn er nicht richtig funktioniert. Wir müssen mit Problemen leben, weil wir manchmal selbst das Problem sind. Ich bin nicht perfekt – und ich verlange auch von meinen Mitbrüdern keine Perfektion. Im Übrigen war mein geheimes Motto immer *quieta non movere* … Das Ruhende nicht bewegen. Will sagen: Was okay ist, das lass laufen! Da musst du dich nicht drum kümmern!« – »Also eine Politik der ruhigen Hand und hier und da ein bisschen Krisenmanagement?« – »Wenn Sie so wollen …«, lacht Abt Gregor. »Im Letzten sind wir ja in Gottes Hand.«

DANKSAGUNG

Ich betone häufig die Bedeutung eines guten Umfelds. Nun möchte ich die Gelegenheit nutzen, mich von Herzen bei denjenigen zu bedanken, die mir all meine Erfolge ermöglicht haben und damit die Grundlage für dieses Buch schufen. Allen voran meine Eltern, die mich durch ihre positive und immer ermutigende Art zum Erfolg getragen haben! Ihr unterstützt mich in allen Lebenslagen und steht immer felsenfest hinter mir, ob mit guten Worten, mit weisen Ratschlägen oder auch angebrachter Kritik. Ich kann immer auf euch zählen! Ohne meinen Bruder Gerrit hätte ich sicherlich häufiger verzagt oder auf halber Strecke aufgegeben. Danke, dass du immer an mich glaubst! Meine ganze Familie und meine besten Freunde waren immer die Pfeiler, auf die ich mich verlassen konnte.

Ich möchte mich weiterhin bedanken bei meinen Trainern Manfred Kaspar und Gabor Salamon für ihren aufopfernden Einsatz und ihre tagtägliche Bereitschaft, sportlich und psychisch das Beste aus mir herauszuholen. Danke auch an mein wunderbares Team aus Trainern, Physiotherapeuten und anderen sportbezogenen Wegbegleitern, die immer für mich da sind. Beim TSV Bayer 04 Leverkusen und der Bayer AG, die mich jahrelang begleitet haben und in deren fantastischen Sportstätten ich beste Voraussetzungen für sportliche Spitzenleistungen habe. Ansonsten danke ich natürlich allen Personen, Partnern und Sponsoren, die mich auf dem Weg zum Erfolg begleitet und unterstützt haben.

Außerdem bedanke ich mich bei all denjenigen, die mir beim Schreiben meines ersten Buches eine Stütze waren. Vor allem danke ich meinem Vater für die zündende Idee, überhaupt ein Buch zu schreiben, und die Ermutigung dazu, selbst den Stift in die Hand zu nehmen. Meinem Bruder Gerrit und meinem Freund Torsten, auf deren Meinung ich immer wieder zurückgegriffen habe, wenn es um inhaltliche Fragen ging. Ich bedanke mich bei Ari, Annette und Lars für ihre hilfreichen Kommentare. Meiner fantastischen Lektorin Regine Schmitt vom Ariston Verlag möchte ich für ihre professionellen und konstruktiven Hinweise zu inhaltlichen Verbesserungen des Buches und für ihre Geduld danken. Andrea Voß, die mir über den Rahmen hinaus eine Stütze war und mir die Motivation gegeben hat, abschließende Feinkorrekturen erfolgreich umzusetzen.

Außerdem möchte ich mich bei Lothar Linz für seinen Beitrag zum Buch und bei Manfred Kaspar bedanken, da er nicht nur das Glossar geschrieben hat, sondern mir durch seine langjährige Fachkenntnis im Bereich des Fechtens viele philosophische Denkansätze vermittelt hat, die teilweise im Buch wiederzufinden sind.

Schließlich möchte ich mich für die Unterstützung von Barbara Schwarzer bedanken, die mich seit Jahren mit toller Kleidung ausstattet und uns so auch ein so schönes und passendes Covermotiv beschert hat.